First Por

MW00955115

Sofia Ferreira

First Portuguese Reader
for Beginners
Volume 2
Bilingual for Speakers of English

LANGUAGE
PRACTICE
PUBLISHING

First Portuguese Reader for Beginners, Volume 2
by Sofia Ferreira

www.lppbooks.com
www.audiolego.com

Graphics: Audiolego Design
Images: Canstockphoto

Table of contents

1

O gato doente
The sick cat

A

Palavras
Words

1. a dizer - telling
2. a levar - taking
3. aborrecido - upset
4. absolutamente - absolutely
5. aconteceu - happened
6. agora - now
7. animal de estimação - pet
8. apenas - just, only
9. aqui - here, there
10. aqui mesmo - right here
11. baixo - down
12. bem - well
13. brinquedos - toys
14. casa - home
15. claro - of course
16. com - with
17. comer - eat
18. comprar - buys, shop
19. contente - glad
20. correr - run
21. cozinha - kitchen
22. de - from
23. de novo - again
24. deitado - lying
25. deixar - leave
26. depois - then
27. deve - should
28. dia - day

29. diz - says
30. doente - sick
31. dois - two
32. dono - owner
33. dormir - sleep
34. e - and
35. é - is
36. ele - he
37. eles - them
38. em - at, in
39. em frente de - in front of
40. estranho - strange
41. Eu - I
42. exigido - required
43. fazer - does
44. feliz - happy
45. ficará feliz - be glad
46. foi - was
47. fora - out
48. gaiola - cage
49. gato - cat
50. gaze - gaze
51. grande - big
52. hoje - today
53. infelizmente - sadly
54. interessante - interesting
55. ir - goes
56. iria - would
57. isso - that
58. isto - it
59. jogar - play
60. lembrar - remember
61. levantar - get up
62. limpo - clear
63. locais - place
64. mais interessante - most interesting
65. mais tarde - later
66. mas - but
67. mover - move
68. muito - a lot, very
69. não - don't, no, not
70. não é - isn't
71. não fazer - doesn't
72. não te preocupes - don't worry

73. o - the
74. O quê - what
75. observar - watching
76. oh - ooh
77. olhar - look
78. os seus - its
79. outro - other
80. para - to
81. pequeno - little
82. perto - closely
83. por isso - so
84. por vezes - sometimes
85. porquê - why
86. preocupar - worry
87. próprio - own
88. quando - when
89. quase - almost
90. rato - mouse
91. ratos - rats
92. respirando - breathing
93. respostas - answers
94. são - are
95. saudável - healthy
96. sem - without
97. semana - week
98. sou - I'm
99. suposto - supposes
100. surpresa - surprised
101. talvez - maybe
102. também - also
103. tarde - evening
104. telefones - phones
105. tem - has
106. todo - whole
107. tu - you
108. tudo - all, everything
109. um - a, one
110. vacinas - vaccinations
111. vai - will
112. vê - see
113. vem - come
114. vendedor - salesman
115. verdade - truth
116. vou - I'll

B

O gato doente

O Robert vai a uma loja de animais. Ele compra um pequeno gato. Ele está muito contente, mas uma semana depois o Robert telefona para a loja de animais porque o gato está doente. Ele não corre e brinca.

"Isso é estranho!" afirma o vendedor, "O gato é absolutamente saudável. Ele tem todas as vacinas necessárias! Eu lembro-me de como ele era um gato feliz."

"Eu também estou muito admirado!" diz o Robert, "Mas agora ele fica parado a um canto durante todo o dia e quase não se mexe."

"Talvez ele durma muito?" pressupõe o dono da loja de animais.

"Não, ele não dorme," responde tristemente o Robert. "Ele apenas fica deitado e não se mexe. Apenas às vezes vem até à cozinha para comer. Mas depois deita-se novamente e não se levanta."

O dono da loja de animais percebe que o Robert está muito preocupado.

"Não te preocupes. Eu vou ter contigo hoje e vou ver o que aconteceu ao gato," diz ele.

Ele vai à casa do Robert à noite para ver o gato. Ele vê que o Robert está a dizer a verdade. O gato não corre e brinca. Ele fica deitado e quase não se mexe… e em frente a ele está uma grande gaiola com dois ratos - os outros animais de estimação do Robert. O gato fica deitado e quase não respira - ele está a olhar de perto para os ratos, sem tirar os olhos deles.

"Oh," diz o dono da loja de animais, "Claro, agora já percebi. Porque é que ele iria correr e brincar se os brinquedos mais interessantes estão aqui mesmo. Que gato poderia deixar um rato em paz de livre vontade?"

The sick cat

Robert goes to a pet shop. He buys a little cat. He is very glad, but a week later Robert phones the pet shop and says that the cat is sick. It does not run and play.

"That is strange!" the salesman says. "The cat is absolutely healthy. It has all the required vaccinations! I remember well what a happy cat it was."

"I'm also very surprised!" Robert says. "But now it lies in one place the whole day and almost doesn't move."

"Maybe it sleeps a lot?" the pet shop owner supposes.

"No, it doesn't sleep," Robert answers sadly. "It just lies and doesn't move. Only sometimes it comes to the kitchen to eat. But then it lies down again and doesn't get up."

The owner of the pet shop sees that Robert is very upset.

"Don't worry. I'll come to you today and I will see what happened to the cat," he says.

He comes to Robert's home in the evening to look at the cat. He sees that Robert is telling the truth. The cat doesn't run and play. It lies and almost doesn't move… and in front of it there is a big cage with two rats - Robert's other pets. The cat is lying down and almost isn't breathing - it is watching the rats so closely without taking its gaze from them.

"Ooh," the owner of the pet shop says, "of course, everything is clear now. Why should it run and play when the most interesting toys are right here. What cat would leave a mouse out of its own will?"

O hamster salvou-se a si próprio
The hamster saved itself

A

Palavras
Words

1. a beber - drinking
2. a correr - running
3. a dormir - sleeping
4. a limpar - cleaning
5. a rir - laughing
6. a sentar - sitting
7. abraços - hugs
8. acorda - wakes up
9. adormecido - asleep
10. agradece - thank
11. água - water
12. ainda - still
13. ajudar - help
14. alegremente - cheerful
15. amigos - friends
16. animal - animal
17. Ann - ann's
18. aquário - aquarium
19. até - even
20. ativo - active
21. atrasado - late
22. barulhento - loudly
23. bebidas - drinks
24. bom - good
25. cama - bed
26. casa - house
27. caso - case
28. começa - starts
29. como - how, likes
30. comprar - buy
31. comum - common
32. conta - tells

33. copo - cup
34. dar - give
35. doces - sweets
36. dorme - sleeps
37. dormir - sleep
38. ela - her, she
39. ela mesma - herself
40. ele - him
41. em si - itself
42. escadas - stares
43. esperança - hope
44. este - this
45. estes - these
46. exatamente - exactly
47. familiarizado - acquainted
48. flores - flowers
49. fora - outside
50. frutas - fruits
51. gargalhadas - laughs
52. gosta - like
53. hamster - hamster
54. história - story
55. humor - mood
56. imediatamente - immediately
57. já - already
58. longe - away
59. magoar - hurt
60. manhã - morning
61. melhor - better
62. melhorar - improve
63. meu - me, my
64. mostra - shows
65. muito - much
66. no entanto - however
67. noite - night
68. nome - named
69. normalmente - usually
70. nós - we
71. nosso - our
72. novo - new
73. oferece - offer
74. olá - hello, hi
75. ou - or
76. para - for, into

77. parar - stop
78. parece - looks, seems
79. peixe - fish
80. pensa - thinks
81. percebe - realizes
82. perseguição - chases
83. pode - can
84. por - by
85. precisa - need
86. presente - present
87. presentes - gifts
88. qualquer coisa - something
89. quarto - room
90. quer - want, wants
91. realmente - really
92. rir - laugh
93. Roberts - robert's
94. roda - wheel
95. saber - knows
96. sai - gets off
97. salvou - saved
98. sempre - always
99. senta - sits
100.   sentir - feels
101.   sentir arrependido - feels sorry
102.   ser - am
103.   sobre - about
104.   sorri - smiles
105.   sossegado - quiet
106.   surpresa - surprise
107.   também - too
108.   tem uma visita - pays a visit
109.   ter - have
110.   ter medo - be afraid
111.   teu - you're, your
112.   todos - every
113.   traz - brings
114.   um - an
115.   vê - sees
116.   vem - comes
117.   visita - visit
118.   vontade - ill
119.   vou - I'd

B

O hamster salvou-se a si próprio

A amiga do Robert, Ann, está doente. O Robert visita a Ann todos os dias. Às vezes, o Robert traz-lhe presentes. Normalmente, ele leva-lhe flores, fruta ou doces. Mas hoje ele quer fazer-lhe uma surpresa. O Robert sabe que a Ann gosta muito de animais. A Ann já tem um gato chamado Tom. Mas o Tom está geralmente na rua. E o Robert quer oferecer à Ann um animal que fique sempre em casa. O Robert vai a uma loja de animais.

"Olá," diz o Robert ao vendedor na loja de animais.

"Olá," responde o vendedor, "Como te posso ajudar?"

"Eu gostaria de comprar um animal para a minha amiga," disse o Robert. O vendedor pensou.

"Posso propor-te um peixe de aquário," disse o vendedor. O Robert olhou para o peixe de aquário.

"Não. Um peixe é demasiado parado e a Ann é alegre e ativa," respondeu o Robert. O vendedor sorri.

"Nesse caso, a tua amiga ficará feliz por receber este animal," disse o vendedor antes de mostrar um pequeno hamster. O Robert sorri.

"Tem razão," diz o Robert, "É exatamente o que eu preciso!"

O Robert comprou dois hamsters. Ele também comprou uma gaiola. Há tudo dentro da gaiola dos hamsters - uma taça para beberem, uma roda para correrem e até uma pequena cama.

À noite, o Robert visita a Ann.

"Olá, Ann," diz o Robert, "Como estás?"

"Olá, Robert," responde a Ann, "Estou muito melhor hoje."

"Ann, Eu quero melhorar a tua disposição," diz o Robert, "Espero que gostes deste presente."

The hamster saved itself

Robert's friend Ann is ill. Robert pays a visit to Ann every day. Sometimes Robert brings gifts for her. He usually brings her flowers, fruits or sweets. But today he wants to surprise her. Robert knows that Ann likes animals very much. Ann already has a cat named Tom. However Tom is usually outside. And Robert wants to give Ann an animal that will always be at home. Robert goes to a pet shop.

"Hello," Robert says to a salesman at the pet shop.

"Hello," the salesman answers. "How can I help you?"

"I'd like to buy an animal for my friend," Robert says. The salesman thinks.

"I can offer you an aquarium fish," the salesman says. Robert looks at the aquarium fish.

"No. A fish is too quiet, and Ann is cheerful and active," Robert answers. The salesman smiles.

"In this case, your friend will be glad to get this animal," the salesman says and shows a little hamster. Robert smiles.

"You're right," Robert says, "this is exactly what I need!"

Robert buys two hamsters. He also buys a cage. There is everything in the hamster house - a cup for drinking, a wheel for running, and even a little bed.

In the evening Robert comes Ann's.

"Hi Ann," Robert says. "How are you?"

"Hi Robert," Ann answers. "I am much better today."

"Ann, I really want to improve your mood," Robert says. "I hope you like this present."

Ann looks at Robert in surprise. Robert

A Ann olha para o Robert com espanto. O Robert mostra a gaiola com os hamsters.

A Ann começa a rir-se. Ela abraça o Robert. "Obrigado, Robert! Eu gosto muito de hamsters. Por vezes, sinto que temos algo em comum," diz a Ann.

O Robert também ri. O Robert vai para a casa à noitinha. A Ann vai para a cama. O gato Tom vai até ao quarto da Ann.

"Tom, vem conhecê-los. Estes são os nossos novos amigos - os nossos hamsters chamam-se Willy e Dolly," diz a Ann ao gato. O Tom senta-se perto da gaiola e olha fixamente para os hamsters. A Dolly já está a dormir e o Willy está a correr na gaiola.

"Tom, não faças mal aos nossos novos amigos. Boa noite a todos," diz a Ann. A Ann vai dormir.

De manhã, a Ann acorda e vê que o Tom está sentado perto da gaiola. A Dolly está a limpar-se e o Willy ainda está a correr na roda. A Ann percebe que o gato esteve sentado junto à gaiola a observar o Willy durante toda a noite. E o Willy teve medo de parar. A Ann sente pena do Willy. Ela afasta o Tom da gaiola. O Willy saiu da roda e foi beber água. Depois, o hamster cai e adormece. Ele dorme durante todo o dia. Durante a noite, o Robert chega e a Ann conta-lhe a história do hamster. O Robert e a Ann riem-se alto e o hamster Willy acorda e olha fixamente para eles.

shows Ann the cage with the hamsters. Ann starts laughing. She hugs Robert.

"Thank you, Robert! I like hamsters very much. Sometimes it seems to me that we have something in common," Ann says. Robert laughs too. Robert goes home late at night. Ann goes to bed. The cat Tom comes into Ann's room.

"Tom, get acquainted. These are our new friends - hamsters named Willy and Dolly," Ann tells the cat. Tom sits down by the cage and stares at hamsters. Dolly is already sleeping, and Willy is running in the wheel. "Tom, don't hurt our new friends. Good night to you all," Ann says. Ann goes to sleep.

In the morning Ann wakes up and sees that Tom is sitting by the cage. Dolly is cleaning herself, and Willy is still running in the wheel. Ann realizes that the cat was sitting by the cage and was watching Willy the whole night. And Willy was afraid to stop. Ann feels sorry for Willy. She chases Tom away from the cage. Willy gets off the wheel, comes to the water cup and drinks. Then the hamster immediately falls down and falls asleep. It sleeps the whole day. In the evening Robert comes and Ann tells him the story about the hamster. Robert and Ann laugh loudly and the hamster Willy wakes up and stares at them.

3

Um salvador
A rescuer

A

1. a caminhar - walking
2. a ir - going on
3. adora - loves
4. algum - some
5. amigo - friend
6. animais de estimação - pets
7. árvore - tree
8. ataca - attacks
9. cabeça - head
10. cão - dog
11. chama - calls
12. chamado - called
13. chita - cheetah
14. chora - cries
15. comida - food
16. como - as

17. compreende - understand
18. corajoso - brave
19. corre - runs
20. correr - jogging
21. cuida - care
22. dele - his
23. deles - their
24. depois - after
25. Desculpe - Excuse me
26. dono - owners
27. dorme - speed
28. em direção - towards
29. encontra - meet
30. escola - college
31. espera - hold
32. esquece-se - forgets

33. estavam - were
34. furiosamente - furiously
35. furioso - furious
36. gato - cat's
37. inclinado - tilted
38. lado - side
39. mais perto - nearest
40. manhã - morning
41. momento - moment
42. morde - bite
43. não consegue - can't
44. nome - name
45. observar - watches
46. outro - another
47. parque - park
48. passear o cão - walk the dog
49. perguntar - asks
50. precisa - needs
51. primeiro - first
52. problema - problem
53. ramo - branch
54. rapariga - girl
55. rapidamente - quickly
56. relativo - relative
57. rosna - growls
58. rosnar - growl
59. saboroso - tasty
60. salta - jumps
61. salvador - rescuer
62. se - if
63. silenciosamento - quietly
64. sobe - climbs
65. supermercado - supermarket
66. tempo - time
67. trela - leash
68. vizinho - neighboring
69. volta - back

B

Um salvador

O David, amigo do Robert, também tem um gato. Ele gosta muito do seu gato. O nome do gato é Mars. O David chama-lhe "Amigo". O David vai ao supermercado todos os dias, depois da escola, e compra comida saborosa para o gato. Um dia o Robert disse ao David: "Tratas o teu gato como se fosse um familiar,"
O David sorriu e contou-lhe uma história. O David vai correr no parque todos os dias de manhã. Os donos dos animais de estimação passeiam os seus animais nessa altura. Uma vez o David viu uma menina pequena a correr até ele com um cão grande numa trela.
"Senhor, senhor!" disse a rapariga. O David pensou que ela tinha algum problema e que precisava de ajuda. Foi ao encontro dela e do cão rapidamente.
"O que se passa?" perguntou David. A rapariga e o cão correram até ao David.

A rescuer

Robert's friend David has a cat too. He loves his cat very much. His cat's name is Mars. David calls him "Buddy." David comes into the supermarket every day after college and buys some tasty food for the cat. One day Robert says to David: "You care about your cat as if he were a relative." David smiles and tells his story. David goes jogging in the neighboring park every day in the morning. Pet owners are walking their pets in the park at this time. One time David sees a little girl running towards him with a big dog on a leash.
"Mister, Mister!" the girl cries. David thinks that the girl has a problem and she needs help. He goes quickly to meet the girl with the dog.
"What happened?" David asks. The girl and the dog run up to David.

"Desculpe-me senhor, mas o meu cão vai mordê-lo agora! Não consigo agarrá-lo," disse a rapariga. Ao início, o David não percebeu o que se estava a passar. Mas quando o cão o atacou, ele correu para a árvore mais próxima com a velocidade de uma chita. Nesse momento um gato grande saltou da árvore e correu para o lado. O cão esqueceu-se do David de imediato e começou a perseguir o gato. O gato correu depressa para outra árvore e trepou-a. O cão saltou com um rosnado furioso, mas não conseguiu apanhar o gato na árvore. Depois, o gato deitou-se silenciosamente num troco, com a cabeça virada de lado, a observar o cão. Esse gato corajoso chama-se agora Mars.

"Excuse me, Mister, but my dog will bite you right now! I can't hold it back," the girl says. At first David doesn't understand what is going on. But when the dog attacks him and furiously growls, David runs to the nearest tree with the speed of a cheetah. At this moment a big cat jumps down from the tree and runs to the side. The dog forgets about David immediately and chases the cat with a growl. The cat quickly runs to another tree and climbs it. The dog jumps with a furious growl, but can't get the cat in the tree. Then the cat lies down quietly on a branch and, with his head tilted to the side, quietly watches the dog. This brave cat is now called Mars.

4

Uma ama com cauda
A nanny with a tail

A

Palavras
Words

1. a fazer - doing
2. a ficar - getting
3. acariciando - petting
4. acredita - believes
5. ajuda - helps
6. algures - somewhere
7. almoço - lunch
8. apanha - catches
9. apartamento - apartment
10. brinca - plays
11. calma - calm
12. cauda - tail
13. chão - floor
14. compreende - understands
15. criança - child
16. décimo - tenth
17. deixa - let
18. elevador - elevator
19. entreaberto - ajar
20. escadas - stairs
21. fazer - do
22. filho - son
23. inquieto - restless
24. jovem - young
25. leva - takes
26. mais gordo - fatter
27. miados - meows
28. mulher - woman
29. no entanto - although
30. nunca - never
31. obediente - obedient
32. para além - besides

33. pássaros - birds
34. pequeno - small
35. perguntar - asking
36. porta - door
37. prazer - pleasure
38. rato - mice
39. repara - notices

40. sala - living room
41. sofá - couch
42. tarefas - chores
43. ultimamente - lately
44. usa - uses
45. vive - lives
46. volta - returns

 B

Uma ama com uma cauda

O gato Mars é muito obediente e calmo. No entanto, ultimamente está sempre a fugir para algum lado. David notou que Mars está a ficar mais gordo todos os dias. David acredita que o gato está a apanhar pássaros e ratos. Um dia, David voltou a casa; ele vive no décimo andar, mas nunca usa o elevador. Subiu as escadas e viu que uma porta do apartamento de um vizinho está entreaberta. O David viu uma jovem mulher a limpar o chão da sala. O David conhece-a. O nome dela é Maria. Uma criança pequena está sentada no sofá da sala e acariciando o gato Mars. O Mars mia com satisfação. "Bom dia, Maria. Desculpe, o que é que o meu gato está a fazer em sua casa?" perguntou David à mulher.

"Bom dia, David. O meu filho é muito agitado. Ele não me deixa fazer nada. Está sempre a pedir para brincar com ele. O teu gato ajuda-me. Ele brinca com o meu filho," respondeu Maria. O David riu-se.

"Além disso, ele tem sempre um lanche bom!" disse a mulher. Agora, o David compreendeu porque é que o seu gato está a ficar cada vez mais gordo a cada dia.

A nanny with a tail

The cat Mars is very obedient and calm. Although lately it is always running off somewhere. David notices that Mars is getting fatter every day. David believes that the cat catches birds and mice. One day David returns home; he lives on the tenth floor, but never uses an elevator. He takes the stairs up and sees that a door to a neighboring apartment is ajar. David sees a young woman cleaning the floor in the living room. David knows her. Her name is Maria. A small child is sitting on the couch in the living room and petting the cat Mars. Mars meows with pleasure.
"Good day, Maria. Excuse me, what is my cat doing at your place?" David asks the woman.
"Good day, David. You see, my child is very restless. He doesn't let me do chores. My son is always asking me to play with him. Your cat helps me. It plays with my son," Maria answers. David laughs.
"Besides, he always gets a tasty lunch from me!" the woman says. David understands now why his cat is getting fatter and fatter every day.

Um gato falante
A talking cat

Palavras
Words

1. a brincar - playing
2. a falar - talking
3. a olhar - looking
4. a trabalhar - working
5. adora - loves
6. alguém - someone
7. alimenta - feed
8. ama - nanny
9. assustada - frightened
10. assusta-se - gets scared
11. até - till
12. atentamente - attentively
13. atravessa - crosses
14. boneco - doll, doll's
15. breve - soon
16. cai - fall
17. cansada - tired
18. canto - corner
19. começa - begins
20. contrata - hire
21. convence - convinces
22. criança - children
23. cuidado - caution
24. dá - gives
25. de repente - suddenly
26. decide - decides

27. deita-se - lies
28. descontente - discontentedly
29. diretamente - directly
30. distintamente - distinctly
31. dúvida - doubt
32. eles - they
33. em volta - around
34. enquanto - while
35. fala - speak, speaks
36. fica - stays
37. frase - phrase
38. humana - human
39. mais - anymore
40. mantém - keeps
41. mente - mind
42. mesmo - same
43. ninguém - nobody
44. ordena - demands
45. ordenando - demanding
46. ouve - hears
47. ouvir - hear
48. ouviu - heard
49. para além - moreover
50. pressiona - presses
51. primeiro - first
52. que - that's
53. relance - glancing
54. repete - repeats
55. salta - jumps
56. satisfeito - satisfied
57. sonho - dream
58. tipo - kind
59. tom - tone
60. vai - go
61. velha - old
62. verdade - true
63. vira-se - turns
64. voz - voice

B

Um gato falante

Um dia, a Maria decidiu contratar uma ama para o seu filho. A ama nova é uma senhora de idade. Ela gosta muito de crianças. No primeiro dia de trabalho da ama, ela ficou em casa com a criança. Só o gato Mars é que está com eles. Depois de passear e de brincar, a ama leva a criança para a cama. Ela está cansada e decide ir também dormir. Mas assim que ela começa a adormecer, alguém diz em voz alta, do canto do quarto, "Alimenta-me!" A ama deu um pulo e ficou surpreendida. Ela olhou em volta - não havia ninguém ali. Apenas o gato Mars no canto. O gato Mars olhava para a ama com um ar triste. A ama decide que foi um sonho e que quer voltar a dormir. Mas ouve de novo, vindo do mesmo canto: "Quero comer!" A ama virou a cabeça - o gato está a olhar com atenção e um ar triste para ela. Ela fica

A talking cat

One day Maria decides to hire a nanny for her child. The new nanny is a kind old woman. She loves children very much. On the first day of working at Maria's, the nanny stays at home with the child. Only Mars the cat is with them. After walking and playing, the nanny takes the child to bed. She is tired and decides to go to sleep also. But as soon as she begins to fall asleep, suddenly someone says loudly in the corner of the room: "Feed me!" The nanny jumps up in surprise. She looks around - there is nobody there. Only the cat Mars lies in the corner in a doll's bed. The cat Mars is looking at the nanny discontentedly. The nanny decides that it was a dream and she wants to go back to sleep. But then from the same corner she distinctly hears again: "I want to eat!" The nanny turns her head - the cat is looking attentively and discontentedly directly at her.

assustada. Olha para o gato por um pouco, quando se ouve a voz de novo: "Dá-me alguma coisa para comer!" Ela benze-se e vai à cozinha. Ela dá alguma comida ao gato. Ela continua a olhar para o gato Mars com algum cuidado até ao final da tarde. Mas o gato satisfeito dorme e já não fala. Maria regressa a casa no final da tarde e a ama conta-lhe, num tom assustado, que o gato falou com voz humana a pedir comida. A Maria fica muito surpreendida. Começa a duvidar que a nova ama esteja no seu juízo perfeito. Mas a ama convence-a de que é verdade. "Foi assim que aconteceu!," diz a ama, "Aqui neste canto, na cama do boneco, o gato estava sentado e disse-me 'dá-mealguma coisa para comer!' E ainda o repetiu!" disse a ama.

E repentinamente a Maria compreende o que se passou. Ela aproximou-se da cama do boneco e tirou um pequeno boneco dela. A Maria apertou o boneco e elas ouviram a mesma frase: "Quero comer!"

The old woman gets scared. She looks at the cat for a while, when suddenly the demanding voice is heard from him again: "Give me something to eat!" She crosses herself, just in case, and goes to the kitchen. She gives some food to the cat. She keeps glancing with caution at the cat Mars till the evening. But the satisfied cat sleeps and does not speak anymore.

Maria comes back home in the evening and the old woman tells her in a frightened tone that the cat speaks in a human voice and demands food. Maria is very surprised. She begins to doubt that the new nanny is in her right mind. But the nanny convinces her that it is true. "That's how it was!" the nanny says. "Here in this corner, in the doll's bed, the cat sits and says to me 'give me something to eat'! Moreover it repeats it!" the nanny says.

And suddenly Maria understands what happened. She comes to the doll's bed and takes a small doll from it. Maria presses the doll and they hear the same phrase: "I want to eat!"

6

Convidado dorminhoco
Sleepy guest

A

Palavras
Words

1. a segur - following
2. a tentar - trying
3. aborda - approaches
4. agarrado - attached
5. amanhã - tomorrow
6. amarelo - yellow
7. anos - years
8. bem - fine
9. bem alimentado - well-fed
10. cães - dog's
11. caminhar - walk
12. coleira - collar
13. conseguir uma boa noite de sono - get a good night's sleep
14. continuamente - continued
15. convidado - guest
16. curioso - curious
17. dias - days
18. dorminhoco - sleepy
19. é - it's
20. estar - be
21. estuda - studies
22. finalmente - finally
23. grupo - bunch
24. já - yet
25. lentamente - slowly
26. leva - take
27. meio - middle

28. não é - aren't
29. nota - note
30. onde - where
31. outono - autumn
32. quem - who
33. quintal - yard
34. responde - answer
35. reune - gather
36. sabe - know

37. segue - follows
38. seis - six
39. sem casa - homeless
40. tempo - weather
41. torna-se - became
42. três - three
43. universidade - university
44. várias - several
45. vem - coming

 # B

Convidado dorminhoco

Como habitual, depois dos seus estudos na universidade, o Robert saiu para dar um passeio. Hoje, o tempo está bom. Estamos a meio do outono. Robert decide juntar algumas folhas amarelas. De repente, vê um cão velho a vir para o quintal. Ele parece estar muito cansado. Tem uma coleira e está muito bem alimentado. Por isso, Robert pensa que ele não é um cão vagabundo e que deverá haver pessoas à procura dele. O cão aproxima-se de Robert devagar. Robert acaricia-o na sua cabeça. O Robert já devia estar a voltar para casa. O cão segue-o. Entra em casa e devagar entra no quarto de Robert. Depois, deita-se num canto e adormece.

No dia seguinte, o cão vem de novo. Aproxima-se de Robert no quintal. Depois entra na casa de novo e adormece no mesmo local. Dorme cerca de três horas. Depois, levanta-se e vai-se embora. Isto continuou por vários dias. Finalmente, Robert fica curioso e cola um recado na coleira do cão com a mensagem seguinte: "Gostaria de saber quem é o dono deste cão e se sabe que ele vem à minha casa quase todos os dias para dormir?"

No dia seguinte, o cão regressa e a resposta seguinte estava agarrada à coleira:

Sleepy guest

As usual after his studies at the university, Robert goes outside to take a walk. The weather is good today. It's just the middle of autumn. Robert decides to gather a bunch of yellow leaves. Suddenly he sees an old dog coming into the yard. It looks very tired. It has a collar on and it is very well-fed. So Robert decides that it is not homeless and that they look after it well. The dog approaches Robert quietly. Robert pets it on the head. Robert should be going back home already. The dog follows him. It comes into the house; slowly comes into Robert's room. Then it lies down in the corner and falls asleep.

The next day the dog comes again. It approaches Robert in the yard. Then it goes into the house again and falls asleep in the same place. It sleeps for about three hours. Then it gets up and goes away somewhere. This continued for several days. Finally Robert became curious, and he attached a note to the dog's collar with the following: "I would like to know who is the owner of this fine dog, and if he knows that the dog comes to my place almost every day to sleep?"

The next day the dog comes again, and the following answer is attached to its collar: "It

"Ele vive numa casa onde há seis crianças e duas delas ainda não têm três anos. Ele só está a tentar ter uma boa noite de sono algures. Também posso ir ter consigoamanhã?"

lives in a house where there are six children, and two of them aren't three years old yet. It is just trying to get a good night's sleep somewhere. Can I also come to you tomorrow?"

O cão não é culpado
The dog isn't guilty

A

Palavras
Words

1. a brilhar - shining
2. a cantar - singing
3. aborda - approach
4. alegremente - cheerfully
5. ano - year
6. apanhar - pick
7. arquiteto - architect
8. através - through
9. biblioteca - library
10. café - café
11. cantar - sing
12. carro - car
13. casado - married
14. cesto - baskets
15. cogumelo - mushroom
16. com - with
17. conduz - drives
18. construção - building
19. culpa - guilty
20. de qualquer forma - anyway
21. domingo - Sunday
22. empresa - firm
23. empresa de construção - building firm
24. encontrou - found
25. escola - school
26. está a faltar - missing

27. esteve - been
28. excitado - excitedly
29. falta - misses
30. familia - family
31. fica - stay
32. floresta - forest
33. há um ano - a year ago
34. horas - hours
35. irmã - sister
36. janela - window
37. ladra - barks
38. ladrou - barked
39. mãe - mom, mother
40. mais jovem - younger
41. marido - husband

42. membros - members
43. musica - music
44. nós - us
45. oito - eight
46. pendurado - hanging
47. roubado - stolen
48. secretária - secretary
49. sol - sun
50. Tamanho médio - medium-sized
51. teve - got
52. todos - everybody
53. trabalha - works
54. tranca - lock
55. ver - watch

B

O cão não é culpado

David vai à biblioteca depois da escola.
Ele encontra-se com os amigos no café
todas as tardes. A irmã mais nova de
David, Nancy, já tem oito anos. Ela estuda
na escola. A mãe de David, Linda, trabalha
como secretária. O marido dela, Christian,
trabalha como arquiteto numa emrepresa
de construção. O Christian e a Linda
casaram-se no ano passado. O David tem
um gato chamado Mars e um cão chamado
Baron.
Hoje é domingo. David, Nancy, Linda,
Christian e Baron vão para a floresta para
apanhar cogumelos. O David levou o
carro. Havia música no carro. O pai e a
mãe cantam. Baron ladra com animação.
Depois o carro parou. Baron saltou do
carro e corre pela floresta. "Baron, devias
ficar aqui," diz David, "Devias vigiar o
carro. E nós vamos para a floresta."
Baron olha com olhos tristes para o David,
mas vai para o carro na mesma. Eles
trancam-no no carro. A mãe, o pai, o

The dog isn't guilty

David goes to the library after college. He
meets his friends in a café in the evenings.
David's younger sister Nancy is already eight
years old. She studies at school. David's mom,
Linda, works as a secretary. Her husband
Christian works as an architect at a building
firm. Christian and Linda got married a year
ago. David has a cat named Mars and a dog,
Baron.
It is Sunday today. David, Nancy, Linda,
Christian and Baron go to the forest to pick
mushrooms. David drives. Music plays in the
car. The father and the mother sing. Baron
barks cheerfully.
Then the car stops. Baron jumps out of the car
and runs to the forest. It jumps and plays.
"Baron, you should stay here," David says.
"You should watch the car. And we will go to
the forest."
Baron looks sadly at David, but goes to the car
anyway. They lock him in the car. The mother,
the father, David and Nancy take baskets and
go to pick mushrooms. Baron looks out

David e a Nancy agarraram nos cestos e foram apanhar os cogumelos. Baron olha para fora através da janela do carro.

"É bom termos o Baron. Ele vigia o carro e não temos de preocupar-nos," diz o pai.

"O Baron é um cão corajoso," diz David.

"Hoje, o tempo está bom," diz a mãe.

"Encontrei o primeiro cogumelo!" grita Nancy. Todos começam a agarrar cogumelos. Estão todos de bom humor. Os pássaros estão a cantar, o sol brilha. David só agarra cogumelos grandes. A mãe apanha os médios e pequenos. A Nancy e o pai apanham os grandes, pequenos e médios. Eles apanham cogumelos por duas horas.

"Temos de voltar para o carro. O Baron sente a nossa falta," disse o pai. Vão todos para o carro.

"O que é isto?" grita Nancy. O carro não tem as rodas! As rodas foram roubadas! O cão está sentado no banco e olha para a família com o olhar assustado. Estava uma nota na janela: "O cão não é culpado. Ele ladrou!"

through the car window.

"It is good that we have Baron. He watches the car and we don't need to worry," the father says.

"Baron is a brave dog," David says.

"The weather is good today," the mother says.

"I have found the first mushroom!" Nancy cries. Everybody starts to gather mushrooms excitedly. All members of the family are in a good mood. The birds are singing, the sun is shining. David gathers only big mushrooms. Mother gathers small and medium-sized ones. The father and Nancy gather big, small and medium-sized mushrooms. They pick mushrooms for two hours.

"We have to go back to the car. Baron misses us," the father says. Everybody goes to the car. They approach the car.

"What is this?" Nancy cries. The car is missing its wheels! The wheels have been stolen! The dog is sitting in the cabin and looking at his family with a frightened look. A note is hanging on the window: "The dog isn't guilty. It barked!"

8

As malas
The suitcases

A

Palavras
Words

1. a pescar - fishing
2. a preparar - preparing
3. bagagem - luggage
4. carrega - carries, carry
5. cedo - early
6. certeza - sure
7. chá - tea
8. chega - arrive
9. cidade - city
10. como - how
11. compartimento - compartment
12. descansa - rest
13. deve - shall
14. estação - station
15. explica - explains
16. histórias - stories
17. introduz - introduces
18. jantar - dinner
19. jardim - garden
20. juntos - together
21. lê - reads
22. levou - took
23. liga - call
24. longe - far
25. mala - bag
26. malas - suitcases
27. mês - month
28. OK - OK
29. pensei - thought
30. plataforma - platform

31. reserva - books
32. rio - river
33. seguinte para - next to
34. setenta - seventy
35. situação - situation
36. sozinho - alone
37. táxi - taxi

38. teve - had
39. tio - uncle
40. triste - sad
41. vegetais - vegetables
42. vende - sell
43. verão - summer
44. vida - life

 B

As malas

Todos os verões, David vai visitar o seu tio Philippe. O tio Philippe vive sozinho. Ele tem setenta anos. Normalmente, o David e o tio Philippe vão pescar no rio, de manhã cedo. Depois, David ajuda o tio a apanhar frutas e vegetais no jardim. Depois de almoçar, David descansa e lê livros. David e o tio Philippe levam fruta para vender todas as tardes. Depois jantam juntos e conversam. O tio Philippe conta a David histórias da sua vida. Normalmente, David fica em casa do tio por um mês e depois volta para casa.
Este verão, David está de regresso a casa de autocarro. Está sentado ao lado de uma rapariga no autocarro. David fica à vontade com a rapariga. O nome dela é Ann.
Ann vive na mesma cidade que David. Mas Ann vive longe da casa de David.
Eles chegam à cidade. David ajuda Ann a retirar a mala dela da bagageira. Ann tem duas malas. David ajuda-a e leva as malas.
"Ann, vou levar-te a casa," diz David.
"Ok. Mas tu vives longe de mim," responde Ann.
"Não importa, apanho um táxi," responde David. David e Ann caminham pela cidade e conversam. Eles chegam à casa de Ann. David leva as malas para dentro da casa. Ann apresenta David à sua mãe.
"Mãe, este é o David. David ajudou-me a trazer as malas," disse Ann.

The suitcases

Every summer, David goes to visit his uncle Philippe. Uncle Philippe lives alone. He is seventy years old. David and uncle Philippe usually go fishing in the river early in the morning. Then David helps the uncle gather fruit and vegetables in the garden. After lunch David has a rest and reads books. David and uncle Philippe take fruit to sell in the evenings. Then they have dinner and talk together. Uncle Philippe tells David stories about his life. David usually stays at uncle Philippe's for a month and then goes back home.
David is coming home from uncle Philippe's by bus this summer. He is sitting next to a girl on the bus. David gets acquainted with the girl. Her name is Ann. Ann lives in the same city as David does. But Ann lives far away from his house. They arrive in the city. David helps Ann to get her bags from the luggage compartment. Ann gets two suitcases. David helps her and takes the suitcases.
"Ann, I'll walk you home," David says.
"OK. But you live far from me," Ann answers.
"Never mind, I'll take a taxi," David answers. David and Ann walk through the evening city and talk. They come to Ann's house. David carries the bags into the house. Ann introduces David to her mom.
"Mom, this is David. David helped me to carry the bags," Ann says.

"Boa tarde," disse David.

"Boa tarde," respondeu a mãe de Ann, "Queres beber um chá?"

"Não, obrigado. Tenho de ir," disse David. Ele prepara-se para sair.

"David, não te esqueças das tuas malas," disse a mãe de Ann. David olha para a Ann e a mãe dela com surpresa.

"Como assim? Estas malas não são tuas?" pergunta David a Ann.

"Pensei que estas malas eram tuas," respondeu Ann. Quando a Ann estava a apanhar a sua mala da bagageira, ela tirou as duas malas para fora. David pensou que as malas eram da Ann. E a Ann pensou que eram do David.

"O que devemos fazer?" diz David.

"Devíamos ir à estação," respondeu Ann, "E levar a mala de volta."

Ann e David chamaram um táxi e chegaram à estação. Lá, eles veem duas raparigas tristes na plataforma. David e Ann vão ter com elas.

"Desculpem, estas malas são vossas?" Perguntou David e explicou toda a situação.

As raparigas deram uma gargalhada. Elas tinham a certeza que as suas malas tinham sido roubadas.

"Good evening," David says.

"Good evening," Ann's mom answers. "Would you like some tea?"

"No, thanks. I have to go," David says. He is preparing to leave.

"David, do not forget your suitcases," Ann's mom says. David looks at Ann and her mom in surprise.

"How's that? Aren't these your suitcases?" David asks Ann.

"I thought these were your suitcases," Ann answers. When Ann was getting her bag from the luggage compartment, she took the two suitcases out. David thought that these were Ann's suitcases. And Ann thought they were David's.

"What shall we do?" David says.

"We should go to the station," Ann answers, "and take back the suitcases."

Ann and David call a taxi and arrive to the station. There they see two sad girls on the platform. David and Ann come up to the girls.

"Excuse me, are these your suitcases?" David asks and explains all the situation to them.

The girls laugh. They were sure that their suitcases had been stolen.

9

Professor Leónidas
Professor Leonidas

A

Palavras
Words

1. a espera - waiting
2. advinhar - guess
3. apaixona-se - fell in love
4. apelido - nickname
5. aprendeu - learned
6. assunto - subject
7. barulhento - loudest
8. cabelo - hair
9. cadeira - chair
10. careta - frown
11. celar - ceiling
12. colegas - colleagues
13. dedo - finger
14. departamento - department
15. Deus - god
16. difícil - difficult
17. embora - though
18. emocional - emotionally
19. ensina - teaches
20. entra - enters
21. Esparta - Sparta
22. estudante - student
23. famosos - famous
24. frequenta - attend

31

25. Gécia - Greece
26. grande - long
27. história - history
28. jornalismo - journalism
29. literatura - lectures
30. magnificiente - magnificent
31. mais famoso - most famous
32. marcas - marks
33. meio - mean
34. nacional - national
35. não era - wasn't
36. olhos - eyes
37. ótimo - great
38. ousada - daring
39. pensamentos - thoughts
40. perfeitamente - perfectly
41. pontos - points
42. poucos - few
43. prato - dish

44. preparar - prepare
45. preto - black
46. principal - main
47. professor - professor
48. provavelmente - probably
49. questionário - quiz
50. questões - questions
51. raramente - rarely
52. recolhe - collects
53. Rei - king
54. secretamente - secretly
55. secretária - desk
56. sente - feel
57. silêncio - silent
58. sugestão - hint
59. tarefa - assignment
60. teste - test
61. Zeus - Zeus

B

Professor Leónidas

O David estuda no departamento de jornalismo da universidade. O professor Leónidas ensina no departamento de jornalismo. Ele é grego e estuda história. O professor Leónidas é conhecido por Zeus porque ele ensina de forma muito emocional e porque tem um magnífico cabelo comprido e grandes olhos negros. Hoje, o David tem um teste de história. Ele gosta do tema. Ele lê muito e tem sempre boas notas.
O David entra na sala e tira uma folha de teste. Ele senta-se e começa a fazer o teste. As perguntas não são difíceis. A Lena está sentada ao lado do David. A Lena raramente assiste às aulas do professor Leónidas. Ela não gosta de história. Ela espera pela sua vez. Depois, a Lena vai até à secretária do professor Leónidas e senta-se numa cadeira. "Estas são as minhas respostas às questões," diz a Lena ao professor e entrega-lhe a folha

Professor Leonidas

David studies at the journalism department at college. Professor Leonidas teaches at the journalism department. He is Greek and teaches history. Professor Leonidas has the nickname Zeus because he lectures very emotionally and has magnificent long hair and big black eyes.
Today David has a test in history. He likes the subject. He reads a lot and always gets good marks.
David enters the room and takes a test assignment. He sits down at the desk and does the assignment. The questions aren't difficult. Lena sits next to David. Lena rarely attends professor Leonidas's lectures. Lena doesn't like history. She is waiting for her turn. Then Lena goes to professor Leonidas's desk and sits down on a chair.

de teste.

"Bem," o professor olha para a Lena. Ele lembra-se perfeitamente que a Lena não assiste às suas aulas, "A Lena é provavelmente uma boa estudante e estuda bem," pensa o professor Leónidas. Mas ele ainda quer questionar a rapariga.

"Lena, quem é o principal deus grego?" pergunta o professor. A Lena está em silêncio. Ela não sabe. O professor Leónidas está à espera. A Júlia está sentada na cadeira da frente. A Júlia quer dar-lhe uma pista. A Lena olha para a Júlia. E a Júlia ponta discretamente um dedo para o professor Leónidas.

"Leónidas é o principal deus grego," diz a Lena. Os estudantes riem-se alto. O professor Leónidas olha para ela com uma careta. Depois, ele olha para o teto e guarda os seus pensamentos.

"Se queres dizer Leónidas, o rei de Esparta, ele não foi realmente um deus. Embora ele também tenha sido um grande grego. Se queres dizer eu, eu apenas me sinto um deus na minha cozinha, quando eu preparo um prato nacional da Grécia," o professor Leónidas olha para a Lena com atenção, "De qualquer forma, obrigado pelo palpite ousado." Uns dias mais tarde, o professor Leónidas disse aos seus colegas que ele é o principal deus grego. O professor ri ainda mais alto que os seus colegas. E a Lena aprendeu os nomes de todos os gregos mais famosos e apaixonou-se pela história da Grécia.

"These are my answers to the questions," Lena says to the professor and gives him the test assignment.

"Well," the professor looks at Lena. He remembers perfectly that Lena doesn't attend his lectures, "Lena is probably a good student and studies well," professor Leonidas thinks. But he still wants to quiz the girl.

"Lena, who is the main Greek god?" the professor asks. Lena is silent. She doesn't know. Professor Leonidas is waiting. Julia sits at the front desk. Julia wants to give her a hint. Lena looks at Julia. And Julia secretly points a finger at professor Leonidas.

"Leonidas is the main Greek god," Lena says. The students laugh out. Professor Leonidas looks at her with a frown. Then he looks at the ceiling and collects his thoughts.

"If you mean Leonidas, the king of Sparta, he wasn't a god. Though he also was a great Greek. If you mean me, then I feel like a god only in my kitchen when I prepare a national Greek dish," professor Leonidas looks at Lena attentively. "But anyway thank you for the daring guess." Professor Leonidas tells his colleagues a few days later, that he is the main Greek god. The professor laughs loudest of all. And Lena learned the names of all the most famous Greeks and fell in love with the history of Greece.

10

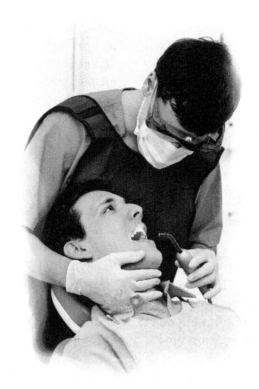

No dentista
At the dentist

Palavras
Words

1. abriu - open
2. amplamente - widely
3. antes - before,earlier
4. aplicar - apply
5. aulas - classes
6. bate - hits
7. boca - mouth
8. chefe - chief
9. cirurgia - surgery
10. cirurgia dental - dental surgery
11. cliente - client
12. concorda - agrees
13. conheceu - met
14. constutores - builder's
15. contrutores - builders
16. corretamente - correctly
17. de nada - you're welcome
18. defeito - defect
19. dente - tooth
20. dentista - dentist
21. depois - than
22. dor de dente - toothache

23. eliminar - eliminate
24. empresa de construção - construction company
25. escreve - writes
26. esmpresa - company
27. fechar - close
28. hospital - hospital
29. instalar - install
30. lava - washes
31. ligeiramente - slightly
32. mãos - hands
33. mau - badly
34. maxilar - jaw

35. médico - doctor
36. perda - loss
37. por favor - please
38. porque - because
39. qualquer coisa - anything
40. recorda-se - recalls
41. reparar - fix
42. satisfeito - contentedly
43. senta-se - sits
44. termo - term
45. trabalho - job
46. trata - treats

 # B

No dentista

At the dentist

O David tem um amigo chamado Vítor. O David e o Vítor são amigos há muito tempo. O Vítor trabalha numa empresa de construção. Ele instala portas em novos apartamentos. O Vítor não gosta deste trabalho. Ele também quer estudar na universidade. O Vítor sai mais cedo do trabalho porque ele tem escola à noite. Ele prepara-se para tentar entrar na universidade. Mas o Vítor hoje pediu ao chefe para sair, não para ir às aulas, mas sim para ir ao hospital. O Vítor tem dor de dentes. Ele tem dor de dentes há dois dias. Ele chega ao hospital e dirige-se à cirurgia dentária.
"Olá, doutor!" diz o Vítor.
"Olá!" responde o médico.
"Doutor, parece-me que já nos conhecemos antes," diz o Vítor.
"Talvez," responde o médico. O Vítor senta-se numa cadeira e abre a sua boca. O médico trata o dente do Vítor. Tudo corre bem. O médico lava as suas mãos e diz: "O seu dente está saudável agora. Pode ir."
Mas o Vítor não pode dizer nada porque a sua boca não fecha. O Vítor aponta para a boca.

David has a friend named Victor. David and Victor have been friends for a long time. Victor works at a construction company. He installs doors in new apartments. Victor doesn't like his job. He wants to study at college, too. Victor leaves work earlier because he attends evening school. He prepares to apply to college. But Victor asks his chief today to let him go not to the classes, but to the hospital. Victor has a toothache. He has had a toothache for two days. He arrives at the hospital and comes into the dental surgery.
"Hello, doctor!" Victor says.
"Hello!" the doctor answers.
"Doctor, it seems to me that we have met somewhere before," Victor says.
"Maybe," the doctor answers. Victor sits down in a chair and widely opens his mouth. The doctor treats Victor's tooth. Everything goes well. The doctor washes his hands and says: "Your tooth is healthy now. You can go."
But Victor can't say anything because his mouth doesn't close. Victor points to the

"Percebo," diz o médico, "Não fique aborrecido! Em termos de construção, isso é chamado um defeito. Eu posso reparar esse defeito amanhã," responde o médico.
Nesse momento, o Vítor lembra-se que o médico é um cliente da empresa onde ele trabalha. O Vítor instalou mal uma porta na casa do doutor. A porta do doutor não fecha. O Vítor escreve uma nota para o médico: "E vou de imediato para a sua casa e vou instalar a porta corretamente." O médico concorda. Vítor e o médico apanham um táxi. Vítor senta-se no táxi com a boca toda aberta e olha tristemente para a janela do carro. Eles chegam à casa do médico. O Vítor repara o defeito com a boca aberta. O médico não agradece ao Vítor. Ele bate suavemente no maxilar e a boca fecha-se. O Vítor está feliz.
"Obrigado, doutor," diz ele ao médico, "Você elimina os defeitos melhor do que os construtores, você consegue fazê-lo sem perder tempo," diz o Vítor.
"Não tem de agradecer," diz o médico de forma contida, "Volte quando precisar de ajuda, por favor."

mouth.
"I see," the doctor says, "don't get upset! In builder's terms, this is called a defect. I can fix this defect tomorrow," the doctor answers.
At this moment Victor recalls that the doctor is a client of their company. Victor badly installed a door at the doctor's. The doctor's door doesn't close. Victor writes a note to the doctor: "I'll come to your place right now and install the door correctly." The doctor agrees. Victor and the doctor take a taxi. Victor sits in the taxi with the open mouth and looks sadly through the car window. They come to the doctor's house. Victor fixes the defect with the open mouth. The doctor doesn't thank Victor. He hits Victor slightly on the jaw and the mouth closes. Victor is happy.
"Thank you, doctor!" he says to the doctor. "You eliminate defects better than builders. You do it without a loss of time," Victor says.
"You're welcome," the doctor says contentedly, "come when you need help, please."

11

A justiça vence!
Justice triumphs!

A

Palavras
Words

1. a copiar - copying
2. admite - admit
3. alegremente - merrily
4. aparece - appears
5. aprecia - praise
6. aula - lesson
7. autor - author
8. aventuras - adventures
9. baixo - low
10. competente - competent
11. composição - composition
12. conceito - concept
13. continua - continues
14. copiou - copied
15. cuidadosamente - carefully
16. dado - given
17. decidiu - decided
18. deixou - left
19. derrama - spoil
20. dormitórios - dorms
21. enganar - cheat
22. ensaios - essays
23. escrito - written
24. escritor - writer
25. especialmente - especially
26. espera - holds

27. esperto - smart
28. espírito - spirit
29. estilo - style
30. eu próprio - myself
31. excelente - excellent
32. experiência - experience
33. fácil - easy
34. facilmente - easily
35. fala - talks
36. fez - did
37. fora - way
38. hesitante - hesitantly
39. honestamente - honestly
40. impensadamente - thoughtlessly
41. impressionado - impressed
42. incrível - amazement
43. Inglês - English
44. inteligência - intelligence
45. justiça - justice
46. lisonjear - flatter
47. literatura - literature
48. local - spot
49. maior - highest
50. mais - more
51. mais restritivo - more strictly
52. maliciosamente - slyly

53. medo - fear
54. merece - deserved
55. mudar - change
56. muitas vezes - often
57. nível - level
58. obra de arte - masterpiece
59. passa - passes
60. pessoa - guy
61. pobremente - poorly
62. preguiçoso - lazy
63. professor - teacher
64. qualquer - any
65. qualquer pessoa - anybody
66. querido - dear
67. recorda-se - remind
68. restritivamente - strictly
69. saber - knew
70. sala de aula - classroom
71. seriamente - seriously
72. significa - means
73. suficiente - enough
74. tema - theme
75. termina - finishes
76. trabalho de casa - homework
77. triunfou - triumphs
78. verificar - check

B

A justiça vence!

Justice triumphs!

O Robert vive no dormitório. Ele tem muitos amigos. Todos os estudantes gostam dele. Mas os professores sabem que por vezes o Robert é preguiçoso. É por isso que eles tratam o Robert com mais rigor do que os outros estudantes. Hoje é a primeira lição do Robert sobre Literatura Inglesa. Os estudantes estudam cuidadosamente o trabalho de Charles Dickens. Este escritor é famoso por trabalhos como as Aventuras de Oliver Twist, Dombey e Filho, David Copperfield e outras.
O professor vai verificar os trabalhos de casa

Robert lives in the dorms. He has a lot of friends. All the students like him. But teachers know that Robert is sometimes lazy. That's why they treat Robert more strictly than other students.
It is Robert's first lesson is English literature today. Students carefully study Charles Dickens's work. This writer became famous with works like The Adventures of Oliver Twist, Dombey and Son, David Copperfield and so on.
The teacher has to check homework essays

hoje. O professor entra na sala de aula. Ele segura os trabalhos dos estudantes na sua mão. "Olá, sentem-se, por favor," disse o professor, "Estou muito satisfeito com os vossos trabalhos. Gostei especialmente do trabalho do Robert. Admito honestamente que nunca li um trabalho melhor sobre Dickens. Excelente conceito, escrita competente, estilo simples. Nem a nota mais alta é suficiente aqui."

Os estudantes abriram a sua boca em espanto. As pessoas normalmente não dizem aquele tipo de coisas sobre o Robert. Depois, o professor falou sobre outros trabalhos, mas não elogiou ninguém da mesma forma. Depois, ele entregou os trabalhos aos estudantes.

Quando ele passou pelo Robert, ele disse-lhe: "Vem ver-me depois da lição, por favor." O Robert ficou surpreendido. Ele foi ter com o professor depois da aula. Os estudantes já saíram da sala.

"Robert, tu és um rapaz bom e inteligente," disse o professor, "Tu lembras-me a mim mesmo, de algumas maneiras. Eu também estudei nesta escola. E eu fiquei nos mesmos dormitórios que tu."

O Robert não percebe o que o professor está a dizer. Mas o professor olhou para ele maliciosamente e continuou: "Eu também procurei trabalhos de antigos alunos. Mas eu apenas copiei um pouco deles, para sentir o espírito do tema. E eu nunca copiei tudo irrefletidamente como tu fizeste."

O medo apareceu nos olhos do Robert.

"É isso, meu caro. Tu não copiaste apenas o trabalho de outra pessoa, tu copiaste um trabalho escrito por mim há muito tempo atrás," continua o professor.

"Então porque me deu a nota mais alta, professor?" pergunta, hesitante, o Robert.

"Porque eu recebi uma nota baixa pelo trabalho! E eu sempre soube que merecia uma nota muito melhor! Foi agora que a justiça triunfou!" Ri-se o professor alegremente.

"Quando eu estava a copiar a sua composição,

today. The teacher enters the classroom. He holds the students' work in his hands. "Hello. Sit down, please," the teacher says. "I am satisfied with your essays. I especially like Robert's work. I admit to you honestly that I have never read a better work about Dickens. Excellent concept, competent writing, easy style. Even the highest mark is not enough here."

Students open their mouths in amazement. People don't often say things like that about Robert. Then the teacher talks about other works, but doesn't praise anybody the same way. Then he hands out the works to the students. When he passes Robert, he says to him: "Come to see me after the lesson, please."

Robert is surprised. He comes up to the teacher after the lesson. Students already left the classroom.

"Robert you're a smart and good guy," the teacher says. "You even remind me of myself in some ways. I also studied in this college. And I stayed in the same dorms as you do."

Robert does not understand what the teacher means. But the teacher looks at him slyly and continues: "I looked for former students' tests too. But I copied from them just a little to feel the spirit of a theme. And I never copied everything thoughtlessly as you did."

A fear appears in Robert's eyes.

"That's it, my dear. You have not only copied somebody else's work, you have copied a work written by me a long time ago," the teacher continues.

"Then why have you given me the highest mark, professor?" Robert asks hesitantly.

"Because then I got a low mark for it! And I always knew that it deserved a much better mark! And here justice triumphs now!!" the teacher laughs merrily.

eu fiquei impressionado pelo nível de inteligência do autor," disse o Robert, "Por isso, eu decidi não mudar nada para não estragar a obra de arte, professor," disse Robert olhando para os olhos do professor.

"Lisonjeias muito mal, Robert," responde o professor olhando de forma séria para o Robert, "Vai e lembra-te que sempre que fizeres batota, eu vou perceber facilmente, porque tenho muito mais experiência. Ficou claro?" termina o professor.

"When I was copying your composition, I was impressed by the level of intelligence of the author," says Robert. "So I decided not to change anything to not to spoil this masterpiece, professor," Robert looks in the teacher's eyes.

"You flatter very poorly, Robert," the teacher answers looking seriously at Robert. "Go and remember that any time you cheat, I will spot it easily because I have had a lot of experience. Is it clear?" the teacher finishes.

12

Onde está o mar?
Where is the sea?

A

Palavras
Words

1. a viajar - traveling
2. a visitar - visiting
3. acenos - nods
4. banco - bench
5. banhos de sol - sunbathing
6. campainha da porta - doorbell
7. capital - capital
8. cidade - town
9. completamente - completely
10. cozinha - cooks
11. dez - ten
12. diferente - different
13. direções - direction
14. elogio - compliment
15. encontrar - find
16. espera - wait
17. estrada - road, street
18. fato de banho - swimsuit
19. fim - end
20. fim de semana - weekend
21. foi - went
22. Hebraico - Hebrew
23. homem - man
24. hotel - hotel
25. interseção - intersection
26. Jerusalém - Jerusalem
27. leva - leads
28. maior - biggest

29. mar - sea
30. meio - half
31. mercado - market
32. nadar - swimming
33. ouve - listens
34. paga um elogio - paid a compliment
35. pai - dad
36. passado - past
37. perde - lost
38. podia - could
39. reconhece - recognize

40. refeição - meal
41. sorte - luck
42. sossegado - quite
43. sugestão - suggests
44. telefone - telephone
45. terça-feira - Tuesday
46. tia - aunt
47. toalha - towel
48. vinte - twenty
49. vizinho - neighbor

 B

Onde está o mar

Anna, a amiga do David, está a viajar para Israel para visitar a sua tia e tio, durante este verão. O nome da sua tia é Yael e o nome do seu tio é Nathan. Eles têm um filho chamado Ramy. Nathan, Yael e Ramy vivem em Jerusalém. Jerusalém é a capital e a maior cidade de Israel. Ana gosta de estar lá. Ela vai até ao mar todos os fim de semana com o seu tio e a sua tia. A Anna gosta de nadar e de apanhar banhos de sol.

Hoje é terça-feira. O tio Nathan vai trabalhar. Ele é médico. A tia Yael cozinha uma refeição para toda a família. A Anna quer muito ir até ao mar, mas ela tem muito medo de ir sozinha. Ela sabe falar bem inglês, mas ela não sabe nada de hebraico. A Anna tem medo de se perder. Ela ouve a campainha tocar. "Esta é a tua amiga Nina," diz a tia Yael. A Anna está muito contente porque a sua amiga a veio ver. A Nina vive em Kiev. Ela está a visitar o seu pai. O seu pai é vizinho do tio Nathan. A Nina fala o suficiente de inglês.

"Vamos até ao mar," sugere Nina.
"Como vamos encontrar o caminho?" perguntou Anna.
"É Israel. Quase toda a gente aqui fala

Where is the sea?

Anna, David's friend, is traveling to Israel to visit her aunt and uncle this summer. The aunt's name is Yael, and the uncle's name is Nathan. They have a son named Ramy. Nathan, Yael and Ramy live in Jerusalem. Jerusalem is the capital and the biggest city in Israel. Anna likes it there. She go to the sea every weekend with her uncle and aunt. Anna likes swimming and sunbathing.

Today is Tuesday. Uncle Nathan goes to work. He is a doctor. Aunt Yael cooks a meal for the whole family. Anna wants to go to the sea very much, but she is afraid to go alone. She knows English well, but doesn't know Hebrew at all. Anna is afraid to get lost. She hears the doorbell ring.
"This is your friend Nina," aunt Yael says. Anna is very glad that her friend came to see her. Nina lives in Kiev. She is visiting her father. Her father is uncle Nathan's neighbor. Nina speaks English well enough.

"Let's go to the sea," Nina suggests.
"How will we find our way?" Anna asks.
"It's Israel. Almost everybody here speaks English," Nina answers.

inglês," respondeu a Nina.

"Espera um minuto, eu vou levar o meu fato de banho e uma toalha," disse Anna. Dez minutos depois as raparigas vão para a rua. Um homem com uma criança caminha na direção delas.

"Desculpa, como podemos chegar ao mar?" Pergunta-lhe Anna em inglês.

"Filha do mar?" pergunta o homem. Ana fica feliz por o homem a cumprimentar e acena com a cabeça.

"Fica muito afastado. Vão até ao fim da rua e depois virem à direita. Quando chegarem ao cruzamento, voltem a virar à direita. Boa sorte," diz o homem.

Anna e Nina caminham durante 20 minutos. Elas passam por um mercado. Depois, elas passam por um hotel.

"Eu não reconheço este hotel. Quando fomos à praia com o meu pai, eu não o vi," diz Nina.

"Vamos pedir direções novamente," sugere a Anna.

"Este caminho leva ao mar, não leva?" pergunta Nina a um vendedor.

"Sim, Filha do Mar," acena o vendedor.

"É muito estranho. Eles cumprimentaram-me a mim e a ti da mesma forma, duas vezes hoje," disse a Anna à Nina. As raparigas ficam surpresas.

"Parece-me que já estivemos numa rua com o mesmo nome," diz a Anna.

"Sim, mas as casas daqui parecem completamente diferentes," responde a Nina.

"Pode dizer-nos quanto tempo demora uma caminhada daqui até ao mar?" pergunta a Nina a uma mulher com um cão.

"Filha do Mar?" pergunta a mulher.

A Nina fica surpreendida. Nenhuma mulher a tinha cumprimentado daquela forma antes. Ela acena.

"Vocês já estão aqui," diz a mulher antes de continuar. A Anna e a Nina olham em volta. Existem algumas casas à direita. Existe uma estrada à esquerda.

"Wait a minute, I'll take a swimsuit and a towel," Anna says. Ten minutes later the girls go outside. A man with a child walks toward them.

"Excuse me, how can we get to the sea?" Anna asks him in English.

"Daughter of the sea?" the man asks. Anna is glad that the man pays a compliment to her. She nods her head.

"It is quite far away. Go to the end of the street then turn to the right. When you get to the intersection, turn to the right again. Good luck," the man says.

Anna and Nina walk for twenty minutes. They pass a market. Then they go past a hotel.

"I don't recognize this hotel. When we went to the sea with my dad, I didn't see it," Nina says.

"Let's ask for directions again," Anna suggests.

"This way leads to the sea, doesn't it?" Nina asks a shop salesman.

"Yes, Daughter of the Sea," the salesman nods.

"It is very strange. They have paid you and me the same compliment two times today," Anna says to Nina. The girls are surprised. They walk on along the road for half an hour.

"It seems to me that we have already been on a street with the same name," Anna says.

"Yes, but the houses around look completely different," Nina answers.

"Could you tell us, how long does it take to walk from here to the sea?" Nina asks a woman with a dog.

"Daughter of the sea?" the woman asks.

Nina is surprised. Women have never paid her compliments before. She nods.

"You're already here," the woman says and goes on. Anna and Nina look around. There are some houses on the right. There is a road on the left.

"Onde fica o mar aqui?" pergunta a Anna. A Nina não responde. Ela tirou o seu telefone e está a ligar ao seu pai. O pai pede à Nina para lhe contar toda a história. A rapariga conta-lhe tudo, depois ouve o seu pai e ri-se. "Anna, o meu pai diz que chegámos a outra cidade. Parece que ninguém nos cumprimentou. Eles pensaram que nós estávamos a ir para uma pequena cidade chamada Filha do Mar. É Bat Yam em hebraico," diz Nina. Agora a Anna também se ri. As raparigas vão até ao parque e sentam-se num banco. O pai da Nina chega uma hora depois e leva-as até ao mar.

"Where is the sea here?" Anna asks. Nina doesn't answer. She takes out her telephone and calls her father. The father asks Nina to tell him all the story. The girl tells him everything, then listens to her father and laughs.

"Anna, my father says that we got to another city. It turns out that nobody paid us any compliments. They thought that we were going to a small town, named Daughter of the Sea. It is Bat Yam in Hebrew," Nina says. Now Anna laughs, too. The girls go to a park and sit down on a bench. Nina's father arrives in an hour and takes them to the sea.

13

Um trabalho pequeno
A small job

 A

Palavras
Words

1. aleatório - random
2. beber - drink
3. bola - ball
4. cada - each
5. caprichoso - capricious
6. coisa - thing
7. coloca - put
8. confundiu - mixed up
9. corajoso - brave
10. crocodilo - crocodile
11. dinheiro - money
12. durante - during
13. em vez de - instead
14. empregado - employee
15. engraçado - funny

16. examina - exam
17. exposição - exhibition
18. ganhou - earn
19. guarda - guard
20. importante - important
21. interessa - matter
22. larga - drops
23. mais fácil - easier
24. mau - bad
25. morde - bite
26. morder - bit
27. ocupado - busy
28. perguiçoso - sly
29. presta atenção - pay attention
30. quarto - fourth

31. quinto - fifth
32. segundo - second
33. tarefa - task

34. terceiro - third
35. uma vez - at once

B

Um trabalho pequeno

Uma coisa engraçada aconteceu ao Robert no verão. Aqui está o que aconteceu. O Robert decidiu ganhar algum dinheiro como vigilante durante o verão. Ele guardava uma exposição de gatos. Uma vez foi dada uma tarefa importante ao Robert. Ele tinha de por os gatos nas gaiolas. Ele também tinha de escrever o nome dos gatos em cada gaiola. "OK," disse Robert, "Quais são os nomes destes cinco gatos?"
"O gato à esquerda é o Tom, o próximo é o Jerry, Mickey está atrás, Snickers e Baron estão à direita," explicou um trabalhador da exposição. Todos saíram e Robert ficou sozinho com os gatos. Ele queria beber um chá. Ele bebeu o chá enquanto olhava para os gatos. O primeiro gato estava a limpar-se. O segundo estava a olhar para a janela. O terceiro e quarto estavam a caminhar pela sala. E o quinto gato veio ter com o Robert. Subitamente, morde-o na perna. Robert largou a chávena. Doí-lhe a perna.
"És um gato mau, muito mau!" gritou ele, "Não és um gato. És um verdadeiro crocodilo! Não podes fazer isso. És o Tom ou o Jerry? Não, és o Mickey! Ou o Snickers? Ou talvez o Baron?" Então, subitamente, Robert percebeu que tinha confundido o nome dos gatos. Ele não sabe o nome dos gatos e não pode escrever os nomes nas gaiolas. Robert começa a chamar pelos nomes dos gatos.
"Tom! Jerry! Mickey! Snickers, Baron!" mas os gatos não prestam atenção. Eles estão ocupados com os seus próprios assuntos.

A small job

A funny thing happened to Robert in the summer. Here is what happened. Robert decided to earn some money as a guard during the summer. He guarded an exhibition of cats. Once an important task was given to Robert. He had to put the cats into cages. He also had to write a cat's name on each of the cage.
"OK," Robert says, "what are the names of these fine cats?"
"The cat on the left is Tom, the next one is Jerry, Mickey is in the back, Snickers and Baron are on the right," an employee of the exhibition explains to him. Everybody goes away and Robert stays alone with the cats. He wants to drink some tea. He drinks tea and looks at the cats. The first cat is cleaning itself. The second one is looking out the window. The third and fourth are walking around the room. And the fifth cat approaches Robert. Suddenly it bites him on the leg. Robert drops the cup. His leg hurts badly.
"You're a bad cat, very bad!" he cries. "You aren't a cat. You're a true crocodile! You can't do that. Are you Tom or Jerry? No, you're Mickey! Or Snickers? Or maybe Baron?" then suddenly Robert realizes that he mixed up the cats. He doesn't know the cats' names and cannot put each cat into its own cage. Robert begins to call out the cats' names.
"Tom! Jerry! Mickey! Snickers, Baron!" but the cats pay no attention to him. They are busy with their own matters. Two cats are

Dois gatos estão a brincar com uma bola. Outro está a beber água. E os outros foram comer. Como é que ele se pode lembrar do nome dos gatos? E não há ninguém para ajudar Robert. Foram todos para casa. Depois, Robert chama "Gatinho, gatinho!" Todos os gatos viraram-se para Robert. O que fazer agora? Todos os gatos olharam para Robert e depois viraram-se para a janela. Eles sentaram-se a olhar para a rua.

Sentaram-se todos ali e não é claro quais são os seus nomes. Robert não conseguia pensar em nada. Seria mais fácil passar num teste do que adivinhar o nome de cada gato.

Depois, Robert decidiu colocar cada gato numa gaiola. Aqui está o que ele escreveu em vez dos nomes - Fofinho, Corajoso, Preguiçoso, Caprichoso. E Robert pensou no nome do quinto gato, aquele que lhe tinha mordido, e colocou: "Cuidado! Gato que Morde."

playing with a ball. Another one is drinking water. And the others went to have some food. How can he remember the cats' names now? And there is nobody to help Robert. Everybody went home already. Then Robert calls out "Kitty kitty!" All the cats turn to once to Robert. What to do now? All the cats look at Robert then turn away and sit down by the window. They sit and look out of the window.

They all sit there, and it isn't clear what their names are. Robert can't think of anything. It is easier to pass an exam than to guess the name of each cat.

Then Robert decides to put each cat in a random cage. Here is what he writes on the cages instead of the names - Pretty, Brave, Sly, Capricious. Robert names the fifth cat, the one that bit him, this way: "Caution! Biting cat."

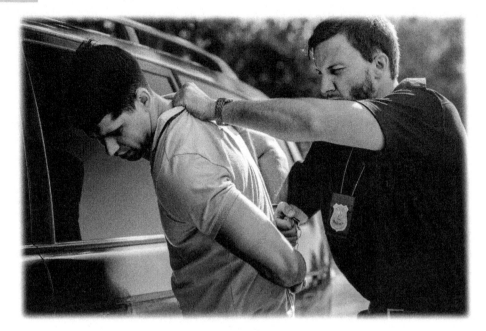

Espera!
Hold!

A

Palavras

1. a direito - straight
2. a espera - holding
3. alto nível - top-notch
4. apertado - tight
5. campo - field
6. condutor - driver
7. cuidado - careful
8. desordeiro - scoundrel
9. detém - detain
10. em reparação - being repaired
11. felizmente - happily
12. grita - shouts
13. ientresse - interest
14. jornal - newspaper
15. mais - further
16. mantém - remain
17. metro - subway
18. partindo - departing
19. passa - spends
20. perde - lose
21. pergunta - ask
22. piada - joke
23. piscina - swimming pool
24. polícia - policeman
25. portas - doors
26. preocupado - hurry
27. problema - issue
28. profissional - professional
29. público - public
30. quarta-feira - Wednesday

31. quatro - four
32. revistas - magazines
33. salário - salary
34. Senhora - Madam

35. sexta-feira - Friday
36. transporte - transportation
37. treinou - trained
38. ultrapassagens - overtakes

 # B

Espera!

Hold!

David estuda na escola. Normalmente, David leva o seu próprio carro para a escola. Mas agora o seu carro está na oficina. Por isso, David vai para a escola de transportes públicos - primeiro de autocarro, depois de metro. Depois das aulas, David vai com os seus amigos ao café almoçar. Enquanto almoçam, os amigos conversam, brincam e descansam das aulas. Depois, David vai para a biblioteca e passa aí quatro horas. Ele termina alguns trabalhos, lê livros novos e revistas da sua área. David é cuidadoso e bom estudante. Ele quer ser um profissional de topo e ganhar um bom salário. Às quartas e sextas-feiras, David sai da biblioteca duas horas mais cedo e vai à piscina. David não quer ser só um bom profissional, mas também quer ter um bom treino físico. Ao final da tarde, David encontra-se com os seus amigos ou vai direito para casa. Hoje, no caminho para casa, ele compra o último número do jornal e vai para o metro. David sai do metro e vê que o seu autocarro já está na paragem de autocarro. Ele percebe que está atrasado para este autocarro. Ele vê uma velhota a correr para o autocarro. David também começa a correr. Ele ultrapassa a velhota e corre mais. Ela vê que está atrasada também. Ela não quer perder tempo e esperar pelo próximo autocarro. Ela grita a David: "Espera!" Ela quer que David peça ao motorista para esperar um pouco. Há um polícia próximo do autocarro. Ele ouve o que ela grita. O polícia pensa que tem de deter o

David studies at college. David usually drives to college in his own car. But now his car is being repaired. So David goes to college on public transportation - first by bus, then by subway. After lectures David goes with his friends to a café to have lunch. While they are having lunch, the friends talk, joke and have a rest from the lessons. Then David goes to the library and spends four hours there. He finishes some assignments, reads new books and magazines in his field. David is careful and studies well. He wants to be a top-notch professional and earn a good salary. On Wednesday and Friday David leaves the library two hours earlier and goes to the swimming pool. David wants to be not just a good professional, but a well trained man too. In the evening David meets his friends or goes straight home.
Today, on the way home, he buys the last issue of the newspaper and goes down into the subway. David comes out of the subway and sees that his bus is already at the bus stop. He realizes that he is late for this bus. He sees an old woman running to the bus. David starts to run too. He overtakes the woman and runs further. The woman sees that she is late, too. She doesn't want to lose time and wait for the next bus. She shouts to David: "Hold it!" The woman wants David to ask the driver to hold the bus for a few seconds. There is a policeman not far from the bus. He hears what the woman shouts. The policeman thinks that he has to detain

homem que corre à frente da velhota. Ele apanha David. A velhota salta para o autocarro.

"Senhora, estou a segurar este desordeiro!" diz o polícia! Ela olha para o polícia com admiração e diz: "Saia da frente, por favor! Estou com pressa!"

Ela entra no autocarro e as portas fecham-se. David e o polícia continuam na paragem de autocarro. E a velhota olha para eles com interesse a partir da janela do autocarro que acabou de partir.

the man the woman is running after. He catches David and holds him tight. The woman runs up to the bus.

"Madam, I am holding this scoundrel!" the policeman says. The woman looks at the policeman with amazement and says: "Get out of the way, please! I'm in hurry!"

She happily gets on bus and the doors close. David and the policeman remain at the bus stop. And the woman looks at them with interest from the window of the departing bus.

15

Um presente fantástico
A wonderful present

A

Palavras

1. a chorar - crying
2. a conduzir - driving
3. a ler - reading
4. a nevar - snowing
5. a ouvir - listening
6. a pintar - painting
7. a sonhar - dreaming
8. alcança - reach
9. arcos - bows
10. ata - ties
11. Bíblia - Bible
12. braços - arms
13. carro - trunk
14. cinco - five
15. corda - rope
16. dando - giving
17. engenho - engine
18. escuro - dark
19. fantástico - wonderful
20. felizmente - joyfully
21. fica - stands
22. gentilmente - gently
23. inclina - bends
24. jardim de infância - kindergarten

25. mais baixo - lower
26. mesa - table
27. Natal - Christmas
28. peixe dourado - goldfish
29. perto - near
30. ponta dos pés - tiptoe
31. puxa - pulls
32. rasgos - rips

33. responde - replies
34. reza - pray
35. ronronar - purring
36. Santo - Saint
37. tenta - tries
38. toca - rings
39. voa - flies

 B

Um presente fantástico

A wonderful present

Tina é a vizinha de David e Nancy. Ela é pequena. Tina tem cinco anos. Ela anda no jardim de infância. Tina gosta de pintar. Ela é uma menina obediente.
O Natal está a chegar e Tina está à espera de presentes. Ela quer um aquário com um peixinho dourado.
"Mãe, quero um peixinho dourado pelo Natal," diz Tina à sua mãe. "Pede ao Pai Natal. Ele traz sempre presentes às boas crianças," responde a mãe.
Tina olha pela janela. Está escuro e está a nevar. Tina fecha os olhos e começa a sonhar com o seu peixinho dourado.
Um carro passa pela casa. Parou junto da próxima casa. David está a conduzir. Ele vive na casa ao lado. Ele estaciona o carro, sai e vai para casa. Subitamente, ele vê que há um gatinho em cima de uma árvore, a chorar.
"Desce gatinho!" diz David. Mas o gatinho não se move. "O que devo fazer," pergunta David.
"Eu sei como fazer-te descer," diz David. Ele abre o carro e tira uma corda grande. Depois, amarra a corda ao braço da árvore onde o gatinho está. A outra ponta da corda está atada ao carro. David entra no carro, liga-o e conduz um pouco para a frente. O braço dobra e fica mais baixo. David sobe e

Tina is David's and Nancy's neighbor. She is a little girl. Tina is five years old. She goes to kindergarten. Tina likes painting. She is an obedient girl. Christmas is coming and Tina is waiting for the presents. She wants an aquarium with goldfish.
"Mom, I would like goldfish for Christmas," Tina says to her mom.
"Pray to St. Nicholas. He always brings good children presents," her mom replies. Tina looks out the window. It is dark outside and it is snowing. Tina closes her eyes and starts dreaming about the aquarium with goldfish.
A car goes past the house. It stops near the next house. David is driving. He lives in the next house. He parks the car, gets out of it and goes home. Suddenly he sees that a kitten is sitting in a tree and crying loudly.
"Get down! Kitty kitty!" David says. But the kitten does not move. "What shall I do?" David thinks.
"I know how to make you get down," David says. He opens the trunk and takes out a long rope. Then he ties the rope to a branch that the kitten is sitting on. The other end of the rope he ties to the car. David gets in the car, starts the engine and drives a little way off. The branch bends and bows lower. David comes up to the branch and tries to

tenta apanhar o gatinho. Não chega por pouco. Ele agarra a corda e puxa um pouco com a mão. O ramo fica mais baixo. David coloca-se de bicos de pé e segura o ramo com a mão. Mas neste momento a corda rompe-se e o gatinho cai para outro lado. "Ahh," grita David. O gatinho voa para a casa seguinte, onde vive Tina. David corre atrás do gatinho.

Nesse momento, Tina está sentada na mesa com a mãe. A mãe está a ler a Bíblia à Tina. De repente, o gatinho voa contra na janela. Tina assusta-se.

"Olha, mãe! O Pai Natal está a dar-me um gatinho!" grita a Tina com um tom de felicidade. Ela agarra no gatinho e faz festas. A campainha toca. A mãe abre a porta. É o David. "Boa noite! O gatinho está na vossa casa?" pergunta David à mãe de Tina.

"Sim, está aqui," responde a mãe de Tina. O gatinho está sentado nos braços de Tina e a ronronar. David vê que a menina está muito contente.

"Muito bem. Então encontrou uma casa," sorriu David enquanto voltava para casa.

reach the kitten. He almost reaches it. David pulls the rope slightly with his hand and the branch bows even lower. David stands on tiptoe and holds out his hand. But at this moment the rope rips apart and the kitten flies off to another side.

"Uh-oh!" David cries. The kitten flies to the next house, where Tina lives. David runs after the kitten.

At this time Tina is sitting with her mom at the table. The mom is reading the Bible and Tina is listening attentively. Suddenly the kitten flies in through the window. Tina shouts in surprise.

"Look, mom! Saint Nicolas is giving me a kitten!" Tina cries joyfully. She takes the kitten in her hands and pets it gently. The doorbell rings. The mom opens the door. David is at the door.

"Good evening! Is the kitten at your place?" David asks Tina's mom.

"Yes, it is here," Tina replies. The kitten is sitting in her arms and purring. David sees that the girl is very glad.

"Very well. It has found its home then," David smiles and goes back home.

16

Confissões num envelope
Confessions in an envelope

A

Palavras

1. acompanha - accompanies
2. aconselha - advise
3. adequado - suitable
4. admira - admires
5. agarra - grabs
6. amanhecer - daybreak
7. ambiente - environment
8. amor - love
9. antiga - ancient
10. atrações - sights
11. avião - plane
12. bilhete - ticket
13. bonito - beautiful
14. brilhante - bright
15. café - coffee
16. carta - letter
17. catedral - cathedral

18. centro - centre
19. certamente - certainly
20. chat - chat
21. chegada - arrival
22. cidade natal - hometown
23. coloridos - colorful
24. começo - beginning
25. compõe - composes
26. comporta-se - behaves
27. comprou - bought
28. confissão - confession
29. convida - invites
30. corar - blushing
31. correio - courier
32. culpar-se - scolding
33. desespero - despair
34. desliga - hangs up

35. duramente - harshly
36. é uma pena - it's a pity
37. edifícios - buildings
38. ele mesmo - himself
39. em negócio - on business
40. e-mail - e-mail
41. encantado - charmed
42. encantador - charming
43. entendido - understood
44. envelope - envelope
45. envia - send
46. estúpido - stupid
47. falou - spoke
48. fãs - fans
49. férias - vacation
50. fórum - forum
51. friamente - coldly
52. horrível - awful
53. ido - gone
54. impressões - impressions
55. incrível - amazing
56. indiferente - indifferent
57. Internet - Internet
58. julho - July
59. lanche - snack
60. local - local
61. mais antiga - oldest
62. mala - suitcase
63. matar - kill

64. meio-dia - noon
65. moderno - modern
66. obtido - gotten
67. pacote - pack
68. paixão - passion
69. pessoa - person
70. poemas - poems
71. poesia - poetry
72. possível - possible
73. postais - postcards
74. pronto - ready
75. reagir - react
76. receber - receive
77. recomenda - recommends
78. reunião - meeting
79. romântico - romantic
80. saúda - greets
81. sela - seals
82. sentimentos - feelings
83. simplesmente - simply
84. tal - such
85. terrivelmente - terribly
86. timidamente - shyly
87. tímido - shy
88. vários - various
89. vermelho - red
90. voar - fly
91. voo - flight
92. zangada - angry

 B

Confissão num envelope

Robert está interessado em poesia moderna. Ele passa muito tempo na Internet, todos os dias. Normalmente, ele visita vários fóruns e chats de poesia. Ele conheceu Elena num fórum de fãs de poesia. Ela também gosta de poesia. Ela escreve poemas bons. Robert admira os poemas dela. E ele gosta muito da Elena. Ela é estudante. É pena ela viver noutra cidade. Eles conversam na Internet

Confessions in an envelope

Robert is interested in modern poetry. He spends a lot of time on the Internet every day. He often visits various poetry forums and chats there. He meets Elena at a forum of poetry fans. She likes poetry, too. She writes good poems. Robert admires her poems. And he likes Elena very much, too. She is a student. It is a pity she lives in another city. They chat on the Internet every

todos os dias, mas nunca se viram. Robert sonha em conhecer Elena.

Um dia, Elena escreve que quer ir a outra cidade nas suas férias. Ela diz que quer mudar de ambiente e conhecer coisas novas. Robert convida-a para a sua cidade. Elena concorda.

Ela chega no início de julho e fica num hotel. Robert está encantado com ela. Elena é uma rapariga encantadora. No dia em que Elena chegou, Robert mostrou-lhe as atrações locais.

"Esta é a catedral mais antiga da cidade. Gosto de vir aqui," diz Robert.

"Oh, isto é incrível!" responde Elena.

"E há alguns locais interessantes na tua cidade?" pergunta Robert, "A minha irmã Gabi vai para lá dentro de alguns dias em negócios. Ela pede que dês conselhos sobre onde ir lá," diz ele.

"O centro da cidade é muito bonito," recomenda Elena, "Há muitos edifícios antigos. Mas se ela quiser lanchar, ela não deve ir ao café 'Big Bill'. O café é horrível lá!"

"Vou dizer-lhe," responde Robert.

À noite, Robert acompanha Elena até ao hotel. Depois, no caminho de volta para casa, ele pensa no que deve fazer. Ele quer contar a Elena os seus sentimentos por ela, mas não sabe como fazer isso. Ela comporta-se com ele como um amigo e ele não sabe como é que ela vai reagir a essa confissão. Ele sente-se tímido. É por isso que ele decide escrever uma confissão do seu amor numa carta. Mas não quer enviar a carta por e-mail. Não parece adequado para uma rapariga tão romântica como Elena. Ele vê postais e envelopes coloridos numa loja perto de casa. Robert gosta do envelope vermelho e compra-o. Ele espera que Elena também goste.

A irmã de Robert, Gabi, chega ao final da noite.

day, but they have never seen each other. Robert dreams of meeting Elena.

One day Elena writes him that she wants to go to some other city on vacation. She says she wants to change the environment and to get new impressions. Robert invites her with pleasure. Elena agrees.

She arrives in the beginning of July and stays at a hotel. Robert is charmed by her. Elena is really a charming girl. On the day of her arrival Robert shows her the local sights.

"This is the oldest cathedral in the city. I like to come here," Robert says.

"Oh, it is just amazing here!" Elena replies.

"Are there any interesting places in your hometown?" Robert asks. "My sister Gabi is going to fly there in a few days on business. She asks you to advise her where she can go there," he says.

"The centre of the city is very beautiful," Elena recommends, "there are a lot of ancient buildings there. But if she wants to have a snack, she should not go to the coffee house 'Big Bill'. The coffee is awful there!"

"I'll certainly tell her," Robert laughs.

In the evening Robert accompanies Elena on the way to the hotel. Then all the way home he thinks about what he should do. He wants to tell Elena about his feelings, but doesn't know how to do this. She behaves with him as with a friend, and he doesn't know how she would react to his confession. He feels shy with her. That is why he finally decides to write her a confession of his love in a letter. But he doesn't want to send the letter by e-mail. It seems to him not to be suitable for such a romantic girl as Elena. He sees postcards and colorful envelopes in a shop not far from home. Robert likes bright red envelopes and he buys one. He hopes that Elena will like it, too. Robert's sister Gabi came in the evening.

"Então, gostaste da Elena," perguntou ela.

"Sim, ela é uma rapariga encantadora," respondeu Robert.

"Fico contente de ouvir isso. Vou voar para a cidade dela amanhã à noite. Já comprei os bilhetes," continuou a irmã.

"Ela aconselha-te a visitar o centro da cidade," diz Robert.

"Ok. Agradece-lhe por mim, por favor," responde Gabi.

Robert senta-se na mesa da sala e escreve uma confissão de amor para Elena durante toda a noite. Ele escreve uma confissão de amor longa. Ele sela a carta no envelope vermelho ao amanhecer e deixa-o na mesa. Ele chama o carteiro, de manhã, e entrega-lhe a carta. Ele quer que Elena receba a sua carta de amor tão depressa quanto possível. Robert está muito preocupado por isso vai dar um passeio.

Ele liga a Elena uma hora depois.

"Bom dia, Elena," diz ele.

"Bom dia, Robert," responde ela.

"Já recebeste a minha carta?" pergunta ele corando.

"Sim, já recebi," responde ela de forma fria.

"Talvez seja melhor encontrarmo-nos para conversar," diz ele timidamente.

"Não, eu tenho de fazer as malas. Já estão à minha espera em casa," responde ela depressa e desliga o telefone.

Robert fica desesperado. Ele não sabe o que fazer. Ele começa a culpar-se por ter escrito a confissão de amor. Nesse momento a sua irmã telefona. Ela está muito zangada.

"Robert, onde está o meu bilhete de avião? Eu deixei-o na mesa da sala. Estava num envelope vermelho. E agora desapareceu! Há uma carta. Que piada estúpida é esta!?" queixa-se Gabi.

Robert não pode acreditar. Agora está tudo claro para ele. Elena recebeu os bilhetes de avião da irmã. Ela pensa que Robert não gosta dela e que quer que ela se vá embora.

"Well, do you like Elena?" she asks.

"Yes, she is a very charming girl," Robert answers.

"I'm glad to hear it. I'll fly to her city tomorrow at noon. I've already bought a ticket," Gabi continues.

"She advises you to visit the center of the city," Robert says.

"Okay. Thank her for the advice, please," Gabi replies.

Robert sits at the table in a living room and composes a love confession to Elena all night. He writes her a long love confession. He seals the letter into the red envelope at daybreak and leaves it on the table. He calls a courier in the morning and gives him the letter. He wants Elena to receive his love confession as soon as possible. Robert is very worried so he goes out for a walk. He calls Elena an hour later.

"Good morning, Lena," he greets her.

"Good morning, Robert," she answers him.

"Have you already gotten my letter?" he asks, blushing.

"Yes, I have," she says coldly.

"Maybe let's meet and take a walk.." he says shyly.

"No. I need to pack the suitcase. They are already waiting for me at home," she says harshly and hangs up. Robert is simply in despair. He doesn't know what to do. He begins scolding himself for having written the love confession. At this moment his sister calls him. She is terribly angry.

"Robert, where is my plane ticket? I left it on the table in the living room! It was in a red envelope. But now it's gone! There is a letter there! What's the stupid joke?!" Gabi cries.

Robert can't believe it. Everything is clear to him now. Elena has received a ticket for today's flight to her city from the courier. She decided that Robert doesn't like her and he wants her to leave.

"Robert, porque não repondes," diz Gabi. "Onde estão os meus bilhetes?"
Robert percebe que há duas mulheres prontas para o matar. Mas ele está contente porque Elena não é indiferente a ele. Da forma como falou com ele também tem sentimentos por ele! Ele corre para casa e agarra a confissão de amor e vai ter com Elena para poder ler a carta na primeira pessoa.

"Robert, why are you silent?" Gabi is angry. "Where is my ticket?"
Robert understood that today two women at once are ready to kill him. But he is happy that Elena is not indifferent towards him. With what passion she spoke to him! She has feelings towards him, too! He joyfully runs home, grabs the love confession from the table and runs to Elena to read it to her in person.

17

Uma especialidade da casa
A specialty of the house

 A

Palavras

1. acasalar - mating
2. apetitoso - appetizing
3. atrás - behind
4. avisar - warn
5. barulho - noise
6. começou - began
7. complicado - complicated
8. consideravelmente - pretty
9. curto - short
10. delicioso - delicious
11. desmaiou - fainted
12. embrulhar - wrap
13. especialidade - specialty
14. folha - foil
15. forno - oven
16. frango - chicken
17. frio - cold
18. frito - fry
19. interrompe - interrupts
20. minutos - minutes
21. olhos arregalados - wide-eyed
22. pacote - packet
23. pernas - legs
24. pessoas - people

25. piquenique - picnic
26. saindo - sticking out
27. salpicos - splashes
28. telefone - phone

29. tentar arduamente - try hard
30. terrível - terrible
31. trouxe - brought
32. urgentemente - urgently

 # B

Uma especialidade da casa

Gabi cozinha um frango com vegetais muito bom. É o seu prato especial. Um dia, Robert pede-lhe para cozinhar esse prato delicioso. Robert vai fazer um piquenique com os seus amigos. Ele quer agradar os seus amigos com este prato delicioso. Ele não quer que Gabi frite o frango, mas sim que o cozinhe no forno. Mas Gabi oferece-se rapidamente para o fritar, porque não tem tempo suficiente para o fazer de outra forma. Robert concorda.
"Gabi, eu não tenho tempo de vir buscar o frango," diz Robert a ela, "Elena vem buscar o frango, ok?"
"Certo," diz Gabi. "Eu entrego à Elena."
Gabi esforça-se para cozinhar bem o frango com os vegetais. É um prato complicado. Mas Gabi é uma especialista nesse prato. Finalmente, o frango está pronto. O prato parece muito apetitoso. Gabi olha para o relógio. Elena deve estar a chegar. Mas subitamente ligam a Gabi do trabalho. Hoje, Gabi está de folga, mas pedem-lhe para fazer algumas horas devido a um assunto importante. Ela deve ir com urgência. Também há uma velha ama e uma criança em casa. A ama começou a trabalhar para eles há pouco tempo.
"Preciso de sair um pouco por causa do trabalho," diz Gabi à ama, "Vem aí uma rapariga buscar o frango dentro de 10 minutos. O frango está a arrefecer. Tem de o embrulhar e entregar à rapariga, certo?" pede ela.
"Certo," responde a ama, "Não se preocupe

A specialty of the house

Gabi cooks a very fine chicken with vegetables. It is her specialty dish. One day Robert asks her to cook him this delicious dish. Robert is going on a picnic with his friends. He wants to please his friends with a tasty dish. He wants Gabi not to fry chicken, but to cook it in an oven. But Gabi offers him to quickly fry it because she hasn't enough time. Robert agrees to it.
"Gabi, I don't have time to come and take the chicken on time," Robert says to her.
"Elena will come and will take the chicken. Okay?"
"Okay," Gabi says, "I'll give it to Elena."
Gabi tries hard to the cook chicken with vegetables well. It is a pretty complicated dish. But Gabi is an excellent cook. Finally, the chicken is ready. The dish looks very appetizing. Gabi looks at the watch. Elena should come soon. But suddenly they phone Gabi from work. Today Gabi has a day off, but people at work ask her to come for a short time because of some important issue. She should go urgently. There is also an old nanny and a child at home. The nanny began working for them not long ago.

"I need to go for a short time on business," Gabi says to the nanny, "a girl will come for the chicken in ten minutes. The chicken is getting cold now. You will have to wrap it in foil and give it to the girl. Okay?" she asks.
"Okay," the nanny replies, "do not worry,

60

Gabi, vou fazer como disse."

"Obrigada," agradeceu Gabi à ama e saiu de casa.

A rapariga chega minutos depois.

"Olá. Eu vim buscar…" disse ela.

"Eu sei, eu sei," interrompeu a ama. "Já o fritamos."

"Vocês fritaram-no?" perguntou a rapariga à ama, abrindo bem os olhos.

"Eu sei que vocês não o queriam frito. Mas não se preocupe, nós fritámo-lo muito bem. Ficou muito saboroso! Vou embrulhá-lo para si," disse a ama antes de ir para a cozinha. A rapariga foi lentamente para a cozinha atrás da ama.

"Porque o fritaram?" pergunta novamente a rapariga.

"Eu sabia que não o queria dessa forma. Mas não se preocupe," responde a ama, "Está muito saboroso. Ficará contente."

A rapariga vê que a velha mulher embrulha algo frito numa embalagem, com as pernas de fora. Subitamente, a velha mulher ouve um barulho e volta-se para trás.

"Ó, é terrível!" chora a velha mulher, "O que devo fazer agora?" ela salpica alguma água na rapariga e a rapariga acorda lentamente. Nesse momento, Gabi volta a casa.

"Ó, eu esqueci-me de avisá-la," disse a Gabi à ama, "Esta é a minha amiga que veio buscar a gata dela. Ela trouxe-a ao nosso gato para acasalarem. O que aconteceu aqui?"

Gabi, I'll do it as you say."

"Thank you!" Gabi thanks the nanny and quickly leaves on business. The girl comes in ten minutes.

"Hello. I came to take.." she says.

"I know, I know," the nanny interrupts her, "we have already fried it."

"You fried it?" the girl stares wide-eyed at the nanny.

"I know that you didn't want to fry it. But don't worry, we've fried it well. It turned out very tasty! I'll pack it for you," the nanny says and goes to the kitchen. The girl slowly goes to the kitchen behind the nanny.

"Why did you fry it?" the girl asks again.

"I know that you didn't want it that way. But do not worry," the nanny answers, "it is really tasty. You will be glad."

The girl sees that the old woman wraps in a packet something fried, with its legs sticking out. Suddenly the old woman hears a noise and turns around. She sees that the girl has fainted.

"Oh, how terrible!" the old woman cries.

"What shall I do now?" She splashes some water on the girl, and the girl slowly comes to. At this moment Gabi comes back home.

"Oh, I forgot to warn you," Gabi says to the nanny, "this is my friend who came to take back her cat. She brought it to our cat for mating. And what happened here?"

18

Tulipas e maçãs
Tulips and apples

A

Palavras

1. abanar - shakes
2. artigos - articles
3. cadernos de notas - notebooks
4. canteiro de flores - flowerbed
5. crescem - grows
6. detalhe - detail
7. discutem - discuss
8. disputa - dispute
9. entusiasta - enthusiastically
10. escreveu - wrote
11. espanto - astonishment
12. estrita - strict
13. estudar - studying
14. favorito - favorite
15. florescem - blossom
16. idoso - elderly
17. incorreto - incorrect
18. interessado - interested
19. juiz - judge
20. jurisprudência - jurisprudence
21. leis - laws
22. maçã - apple
23. opinião - opinion
24. partem - break
25. pendurado - hang
26. pertences - belongs
27. ponto - point
28. primavera - spring

29. provar - prove
30. ramos - branches
31. resolver - resolve
32. senso - sense
33. senso comum - common sense
34. separou - separated

35. simples - simple
36. sobre - over
37. solução - solution
38. tribunal - court
39. tulipas - tulips
40. vedação - fence

 B

Tulipas e maçãs

Robert gosta de estudar. E um dos seus assuntos preferidos é a jurisprudência. O professor de jurisprudência é um professor idoso. Ele é muito duro e muitas vezes as matérias são difíceis.

Um dia, o professor decidiu fazer um teste. Ele deu uma tarefa interessante sobre dois vizinhos. Os vizinhos vivem muito próximos um do outro. Eles só estão separados por uma vedação. De um dos lados da vedação cresce uma macieira. Há um canteiro de flores com tulipas, do outro lado da vedação. O canteiro pertence ao outro vizinho. Mas a macieira é muito grande. Os seus ramos estendem-se sobre a vedação até ao jardim do outro vizinho. As maçãs caem direitamente no canteiro de flores e partem as flores. O professor perguntou aos estudantes como um juiz num tribunal iria resolver esta disputa. Alguns estudantes acreditam que o dono das tulipas tem razão. Outros dizem que o dono da macieira tem razão. Os estudantes discutem este trabalho uns com os outros com entusiasmo. Mas neste ponto, o professor pede-lhes para pararem a disputa.

"Cada um de vocês tem a sua própria opinião," o professor diz, "agora abram os vossos testes e escrevam em detalhe a solução do trabalho, por favor."

Fica silêncio na sala de aula. Todos estão a escrever as suas respostas nos cadernos. O

Tulips and apples

Robert likes studying. And one of his favorite subjects is jurisprudence. The teacher of jurisprudence is an elderly professor. He is very strict and often gives difficult tasks to the students.

One day the professor decides to give a test. He gives an interesting assignment about two neighbors. The neighbors live very close from one another. They are separated only by a fence. On one side of the fence grows an apple tree. There is a flowerbed with tulips on the other side of the fence. The flowerbed belongs to the other neighbor. But the apple tree is very big. Its branches hang over the fence into the garden of the other neighbor. The apples fall from it right on the flowerbed and break flowers. The professor asks students how a judge in a court would resolve this dispute.

Some students believe that the owner of the tulips is right. Others say that the owner of the apple tree is right. They recall different laws that prove that they are right. The students discuss the assignment with each other enthusiastically. But at this point the professor asks them to stop the dispute.

"Each of you have your own opinion," the professor says. "Now open your notebooks for tests and write in detail your solution to the assignment, please."

It gets quiet in the classroom. Everybody is writing their answers in the notebooks.

Robert está a escrever que o dono das tulipas tem razão e explica a sua opinião em detalhe.

A aula chega ao fim em uma hora e o professor reuniu os trabalhos dos estudantes. Ele junta os testes na sua pasta e prepara-se para sair. Mas os estudantes pedem-lhe para ficar mais um pouco. Eles estão interessados em saber que solução do trabalho está certa.

"Sr. Professor, qual é a resposta certa?" pergunta o Robert, "Todos nós queremos saber!" O professor ri-se maliciosamente.

"Sabem," responde o professor, "É muito simples. As tulipas florescem na primavera e as maçãs apenas caem no outono. É por isso que as maçãs não podem cair sobre as tulipas. Esta situação não pode acontecer." Com espanto, os estudantes percebem que ele tem razão. E isso significa que as respostas deles estão incorretas e que eles vão ter uma má nota no teste.

"Mas Sr. Professor, afinal de contas, nós respondemos muito bem nos testes," diz um dos estudantes, "Nós conhecemos as leis muito bem. Você não pode dar-nos más notas devido às tulipas."

Mas o professor abana a sua cabeça.

"Não é suficiente conhecer as leis," explica ele. "Vocês devem ligar o vosso senso comum primeiro e apenas depois devem pensar nos artigos das leis!"

Robert is writing that the owner of the tulips is right and explains his opinion in detail.

The lesson comes to the end in an hour and the professor gathers the students' works. He puts the tests together in his case and is about to leave. But the students ask him to stay for a short while. They are interested to know what solution to the assignment is the right one.

"Mr. Professor, what is the right answer?" Robert asks. "We all want to know it!" The professor laughs slyly.

"You see," the professor replies, "it's very simple. Tulips blossom in the spring. And apples fall down only in the autumn. That's why the apples can't fall down on the tulips. This situation can't happen." The students understand that he is right with astonishment. And it means that their answers are incorrect and they'll get low marks for the tests.

"But Mr. Professor, after all, we wrote very good tests," one of the students says, "we know the laws quite well. You cannot give us low marks only because of tulips." But the professor shakes his head.

"It isn't enough to know the laws," he explains, "you should turn on your common sense first and only then think of the articles of laws!"

19

Bolo
Cake

 A

Palavras

1. a colar - gluing
2. a cozer - baking
3. a cozinhar - cooking
4. aniversário - birthday
5. armários - cabinets
6. bolo - cake
7. cheio - full
8. cheiro - smell
9. cola - glue
10. computador - computer
11. confuso - confused
12. considera - considers
13. cozer - bake

14. creme - cream
15. culinária - culinary
16. de acordo - according
17. explosão - explosion
18. filha - daughter
19. frigorifico - fridge
20. fumo - smoke
21. gaveta - drawer
22. gere - manages
23. impressão boa - fine print
24. imprimir - print
25. inscrições - inscription
26. irmão - brother

27. jogo - game
28. madeira - wood
29. mais baixa - lowermost
30. mana - sis
31. mortal - daddy
32. mundo - word
33. objetos - objects
34. oito anos - eight-year-old
35. omelete - omelette
36. orgulho - proud
37. pacote - package
38. pai - father
39. pais - parents

40. pele - leather
41. perigoso - dangerous
42. porcelana - porcelain
43. quarenta - forty
44. real - real
45. recipiente - recipe
46. relva - grease
47. salpicado - splattered
48. sopa - soup
49. talento - talent
50. talvez - perhaps
51. trabalho - work
52. tubo - tube

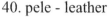

B

Bolo

A Nancy tem oito anos e gosta muito de cozinhar. Ela consegue fazer uma sopa deliciosa e omeletes. A Linda ajuda a sua filha às vezes, mas a Nancy consegue cozinhar sozinha muito bem. Todas as pessoas dizem que a rapariga tem talento para a culinária. A Nancy tem muito orgulho disso. Ela considera-se uma verdadeira cozinheira. Assim, um dia ela decidiu preparar um presente para o seu pai, no seu aniversário. Ela quer fazer um bolo delicioso para ele. A Nancy encontra uma receita de bolo adequada. Os pais vão trabalhar e a Nancy fica em casa com o irmão. Mas o David não está a olhar por ela. Ele está a jogar um jogo de computador no seu quarto. A Nancy começa a preparar o bolo. Ela segue rigorosamente a receita e parece que ela consegue fazer tudo. Quando subitamente ela lê na receita: "Unte a massa com cola culinária." A Nancy fica confusa. Há muita comida no frigorífico mas não há cola. Ela começa a procurar nos armários da cozinha quando repentinamente, no armário mais baixo, ela descobre um tubo com a inscrição "Cola". Contudo, não existe a palavra

Cake

Eight-year-old Nancy likes cooking very much. She can cook a delicious soup and an omelette. Linda helps her daughter sometimes, but Nancy manages on her own quite well. Everybody says that the girl has a talent for culinary. Nancy is very proud of it. She considers herself a real cook. So one day she decides to prepare a present for her father Christian on his birthday. She wants to bake a delicious cake for him. Nancy finds a suitable cake recipe. The parents go to work, and Nancy stays at home with her brother. But David is not looking after her. He is playing a computer game in his room. Nancy starts preparing the cake. She follows the recipe strictly and it seems that she can do everything. When suddenly she reads in the recipe: "Grease the dough with culinary glue." Nancy gets confused. There is a lot of food in the fridge but there is no glue. She starts looking in the kitchen cabinets when suddenly in the lowermost drawer she finds a tube with the inscription "Glue". There isn't the

"culinária" na embalagem. Mas a Nancy decide que não é importante. Afinal de contas, o mais importante é a cola. Acontece que esta cola é para colar objetos feitos de madeira, couro e porcelana. Mas a Nancy não leu este pequeno rótulo. Ela passa a cola na massa de acordo com a receita. Depois, ela põe a massa no forno e sai da cozinha. O bolo deve cozer durante 40 minutos.

Vinte minutos depois, os pais voltam a casa.

"Que cheiro delicioso é este na cozinha?" pergunta Christian.

A Nancy está prestes a responder-lhe, mas subitamente ouve-se uma explosão na cozinha! Surpreendido, o Christian abre a porta da cozinha e vê que toda a cozinha está cheia de fumo, que a porta do forno está toda salpicada com a massa do bolo e que há um cheiro horrível.

Christian e Linda olham com surpresa para a filha.

"Bem, eu estava a cozinhar um bolo com creme saboroso para o paizinho…" diz Nancy calmamente.

"O que colocaste lá?" pergunta o irmão, "Não te preocupes, mana! Se o teu bolo era assim tão perigoso, então talvez tenha sido melhor que ele não tenha acabado de cozer."

word "culinary" on the package though. But Nancy decides it is not so important. After all, the main thing it is the glue. Though, this glue is for gluing objects made of wood, leather and porcelain. But Nancy hasn't read this fine print. She greases the dough with glue according to the recipe. Then she puts the dough into the oven and leaves the kitchen. The cake should bake for forty minutes.

Twenty minutes later, the parents come back home.

"What is this delicious smell from the kitchen?" Christian asks.

Nancy is about to answer him, but suddenly an explosion is heard in the kitchen! Surprised, Christian opens the door to the kitchen and they see that the whole kitchen is full of smoke, the oven door is splattered with dough and there is an awful smell. Christian and Linda look in surprise at the daughter.

"Well, I was going to bake a cake with tasty cream for daddy..." Nancy says quietly.

"What did you put there?" the brother asks. "Don't worry, sis! If your cake is so dangerous, then it is perhaps better that it hasn't finished baking."

20

Jantar exótico
Exotic dinner

 A

Palavras

1. a comer - eating
2. a gritar - shouting
3. a passar - spending
4. alternativa - alternative
5. ao vivo - alive
6. asiática - Asian
7. bárbaros - barbarian
8. brilha - grow
9. centenas - hundred
10. centímetros - centimeters
11. chefe - chef
12. comprimento - length
13. constrangimento - embarrassment
14. conta - bill
15. cortar - cut
16. cozinha - cuisine
17. custa - cost
18. deixado por - drop by
19. desmaios - faints
20. dispendioso - expensive
21. dólares - dollars
22. empregado de mesa - waiter

23. entretanto - meanwhile
24. escolhe - chooses
25. espera - expect
26. espeta - stabs
27. excrementos - excrements
28. exótico - exotic
29. forte - strong
30. garfo - fork
31. gordo - fat
32. gosto - taste
33. grande - huge
34. iguaria - delicacy
35. inacreditável - incredibly
36. invulgar - unusual
37. lagarta - caterpillar
38. língua - language
39. melhor - best
40. menu - menu
41. nada - nothing
42. não civilizado - uncivilized
43. não fez - didn't
44. nas proximidades - nearby
45. norte - north
46. o qual - which

47. olhares - glances
48. país - country
49. pálido - pale
50. pelo menos - at last
51. personalizados - customs
52. pobre - poor
53. prato - plate
54. quinze - fifteen
55. raro - rare
56. rastejando - crawling
57. recentemente - recently
58. ressuscitar - revive
59. restaurante - restaurant
60. soma - sum
61. tamanho - size
62. tampa - lid
63. tensão - strain
64. tenta - try
65. tradições - traditions
66. tradução - translation
67. troca - exchange
68. vila - village
69. virar - flip
70. xamã - shaman

 B

Jantar exótico

Robert e Elena fazem umas férias num país Asiático. Eles gostam muito de viajar. O Robert está interessado em tradições e hábitos pouco comuns. E claro, eles gostam de aprender sobre a cozinha de diferentes países. Por isso, desta vez eles decidiram passar pelo melhor e mais famoso restaurante local. É um restaurante muito caro, mas eles querem provar os pratos mais deliciosos e interessantes e eles não se importam de gastar dinheiro neles. Eles olham para o menu durante muito tempo. Não existe tradução inglesa do menu. Mas eles não conhecem nada sobre a língua local, por isso eles não

Exotic dinner

Robert and Elena take a vacation in an Asian country. They like traveling very much. Robert is interested in unusual traditions and customs. And of course they like to learn about the cuisines of different countries. So this time they decide to drop by at the best and most famous local restaurant. It is a quite expensive restaurant but they want to taste the most delicious and interesting dishes, and they don't mind spending money on them. They flip through the menu for a long time. There is no English translation in the menu. But they don't know the local language at all, so they

conseguem perceber nada. O Robert escolhe um dos pratos mais caros - custa duzentos e vinte dólares.

O chefe leva-lhes pessoalmente este prato dispendioso. Ele tira a tampa e eles veem um monte de vegetais cortados e folhas no prato. Uma lagarta grande e gorda, com cerca de 15 centímetros de comprimento está no meio. A lagarta não é apenas enorme, mas também está viva! Elena e Robert olham para a lagarta com embaraço. Entretanto, a lagarta começa lentamente a rastejar e a comer as folhas em seu redor, dentro do prato. É claro que a Elena e o Robert não esperavam de todo algo assim. O chefe e o empregado de mesa também olham para a lagarta e não se afastam. Segue-se um momento de tensão. Então Robert agarra no garfo e atinge a lagarta. Finalmente, ele decidiu comê-la. O chefe vê e desmaia! E o empregado de mesa começa a gritar em voz alta numa língua que eles não conhecem. O Robert não percebe nada. Nesta altura outro cliente do restaurante aproxima-se deles de uma mesa próxima. Ele explica a Robert no seu pobre inglês que eles não comem esta lagarta. É incrivelmente cara e leva mais de 5 anos a crescer e atingir este tamanho. Os excrementos desta lagarta, que aparecem no prato quando ela come folhas, são considerados uma iguaria. Os excrementos da lagarta custam duzentos e vinte dólares. Elena e Robert trocam olhares silenciosos.

"Isso é terrivelmente pouco civilizado!" diz o Robert.

"Ó, não é. Eles agora ficaram a pensar que tu és o bárbaro!" diz outro cliente enquanto sorri, "Porque tu não entendes a cozinha cara deles! Além disso, mataste uma lagarta rara, como um verdadeiro bárbaro!"

Neste momento, um empregado de mesa pálido aproxima-se e apresenta uma conta pela lagarta morta. O Robert olha para a soma na conta e também fica pálido.

can understand nothing. Robert chooses one of the most expensive dishes - it costs two hundred and twenty dollars.

The chef brings this expensive dish to them himself. He takes off the lid and they see a lot of cut vegetables and leaves on the plate. A huge fat caterpillar, about fifteen centimeters in length, is in the middle. The caterpillar is not only huge, but it is also alive! Elena and Robert look at it in embarrassment. Meanwhile, the caterpillar starts slowly crawling and eating the leaves around itself on the plate. Of course, Elena and Robert didn't expect something like this at all! The chef and the waiter look at the caterpillar, too, and don't go away. A moment of strain follows. Then Robert takes a fork and stabs the caterpillar. He decides to eat it at last. The chef sees it and faints! And the waiter starts shouting loudly in a language they don't understand. Robert understands nothing. At this point another guest of the restaurant approaches them from a nearby table. He explains to Robert in poor English that they do not eat this caterpillar. It's incredibly expensive and it takes more than five years to grow to this size. The excrements of this caterpillar, which appear on the dish when it eats leaves, are considered an expensive delicacy. These excrements of the caterpillar cost two hundred and twenty dollars. Elena and Robert exchange silent glances.

"That's terribly uncivilized!" Robert says.

"Oh, it's not. They now think that you are the barbarian!" another guest says and smiles. "Because you do not understand this expensive cuisine! Moreover you killed such a rare caterpillar, like a real barbarian!"

At this point a pale waiter comes and brings a bill for the killed caterpillar. Robert looks at the sum in the bill and also turns pale.

"You know," Robert says, "we have been in

"Sabe," diz o Robert, "Estivemos recentemente numa pequena aldeia no norte do seu país. Lá existe um excelente e muito forte xamã. Talvez ele concorde em ressuscitá-la? Eu acho que é uma boa alternativa…"

a very small village in the north of your country recently. There is one excellent, very strong shaman there. Maybe he will agree to try to revive it?.. I think, it's a good alternative..."

21

Grande arte
High art

A

Palavras

1. a convencer - convincing
2. alma - soul
3. alto - tall
4. aparência - appearance
5. arte - art
6. artista - artist
7. bela - beauty
8. cesto - bucket
9. confusão - confusion
10. conhecimento - knowledge
11. contraste - contrast
12. definitivamente - definitely
13. dentro - inner, inside

14. deve - must
15. doce - candy
16. escultura - sculpture
17. esfregona - mop
18. espelho - mirror
19. esqeceu-se - forgotten
20. estofo - wadding
21. eternidade - eternity
22. exterior - outward
23. figuras - figures
24. frágil - frailness
25. frente - face
26. imagem - picture

27. impressão - impress
28. incompreensível - incomprehensible
29. intelecto - intellect
30. investe - invents
31. jogar fora - throw out
32. lixo - garbage
33. mais sábio - wisest
34. metal - metal
35. milhões - millions
36. montanha - mountain
37. mostrado - shown
38. museu - museum
39. obviamente - obvious
40. ordinário - ordinary
41. paisagem - landscape

42. pensativo - thoughtfully
43. plástico - plastic
44. profundo - deep
45. roupas - clothes
46. sapatos - shoes
47. sério - serious
48. significado - meaning
49. símbolo - symbol
50. similar - similar
51. sons - sounds
52. sujo - dirty
53. supiro - sighs
54. um...ou - either ... or
55. uniforme - uniform

 B

Grande arte

Um dia, o Robert convidou Elena para visitar um museu de arte moderna. Tinha aberto lá uma nova exposição. A Elena gosta muito de arte. Ela concordou em ir até ao museu, mas ela disse que não percebe nada sobre a arte moderna. Ela considera-a demasiado estranha. Na exposição eles veem muitas coisas interessantes. A Elena pára perto de uma imagem, feita de garfos de plástico. Ela olha atentamente para a imagem. Parece uma paisagem montanhosa.

"Não, isto não é a minha chávena de chá," disse a Elena. "Os artistas modernos são demasiado incompreensíveis. Especialmente quando eles fazem as suas fotografias com coisas tão estranhas. Olha para esta fotografia aqui. É bonita?" pergunta a Elena. Ela não gosta da imagem. O Robert também não percebe esta arte. Mas ele gosta da Elena. E ele quer realmente impressioná-la e surpreendê-la com o seu conhecimento. Robert faz uma cara séria. "Olha," diz Robert. "A aparência exterior desta fotografia não é muito bonita. Mas tens que ver a sua beleza interior."

High art

One day Robert invites Elena to the Museum of modern art. A new exhibition opens there. Elena likes art very much. She agrees to go to the museum, but she says that she does not understand modern art at all. She considers it too strange. At the exhibition they see a lot of interesting things. Elena stops near a picture, made of plastic forks. She stares at the picture attentively. It looks like a mountain landscape.

"No, it's not my cup of tea," Elena says. "Modern artists are too incomprehensible. Especially when they make their pictures out of such strange things. Look at this picture here. Is it beautiful?" Elena asks. She doesn't like the picture. Robert doesn't understand this art either. But he likes Elena. And he really wants to impress and surprise her with his knowledge. Robert makes a serious face. "You see," Robert says, "the outward appearance of this picture isn't so

"O quê?" pergunta a Elena em surpresa.
"A sua beleza interior," repete o Robert,
"Algumas montanhas são mostradas nesta
imagem. Afinal de contas, as montanhas
mantêm-se durante milhões de anos. Elas são
um símbolo de eternidade," explica o Robert,
"Mas eles atiram rapidamente um garfo de
plástico. É um símbolo de fragilidade. Há um
significado muito profundo neste contraste."
Robert inventou tudo isto de improviso. Ele
pensa que pareceu convincente. Elena olhou
para Robert com embaraço. Então ela olha para
a fotografia e suspira.
"Vamos continuar," sugere Elena.
Eles continuam e veem muitas outras coisas
estranhas. Numa sala, eles veem um enorme
doce de metal, tão alto quanto o teto e uma
escultura feita de sapatos velhos. Noutra sala,
há figuras humanas feitas com roupa vermelha
de enchimento por dentro. E Robert diz a Elena
algo inteligente sobre cada uma das coisas.
"Às vezes, estas obras de arte são muito
parecidas com o lixo normal," disse Elena.
Eles vão até à próxima sala e veem um espelho
em frente do qual está uma balde cheio de água
suja.
"Bem, isto é demasiado!" disse a Elena,
"Certamente que não há nenhum significado
nisto!"
"Não, não," diz contudo o Robert. "Há um
significado muito profundo nisto. É óbvio que
este artista é um homem muito inteligente."
"É?" Elena está surpreendida.
"Certamente," respondeu o Robert. "Sabes,
num espelho consegues ver a tua cara. E podes
olhar para esta água suja e ver a tua cara,
também. O artista quer dizer que todas as
almas têm o seu lado negro. E que também
devemos olhar para ele. É um pensamento
muito importante. Eu penso que é o melhor
trabalho e também o mais sábio de toda a
exposição," diz o Robert.
"És tão esperto!" diz a Elena, que depois
segura a sua mão. Ela admira o Robert.

beautiful. But you have to see its inner
beauty."
"What?" Elena asks in surprise.
"Its inner beauty," Robert repeats, "some
mountains are shown in this picture. After
all, mountains stand for millions of years.
They are a symbol of eternity," Robert
explains. "But they throw out a plastic fork
quickly. It is a symbol of frailness. There
is a very deep meaning in this contrast."
Robert invents all this on the go. It seems
to him that it sounds convincing. Elena
looks at Robert in embarrassment. Then
she looks at the picture and sighs.
"Let's move on," Elena offers.
They go further and see a lot of other
strange things. In one room they see a
huge metal candy as tall as the ceiling and
a sculpture made of old shoes. In another
room there are human figures made out of
clothes with red wadding inside. And
Robert tells Elena something smart about
each thing.
"Sometimes these works of art are very
similar to ordinary garbage," Elena says.
They go to the next room and see there a
mirror in front of which there is a bucket
full of dirty water.
"Well, this is too much!" Elena says.
"There is definitely no meaning in it!"
"Oh no-o-o," Robert says thoughtfully,
"there is a very deep meaning in it. It is
obvious that this artist is a very smart
man."
"Is he?" Elena is surprised.
"Sure," Robert replies, "you know, in a
mirror you can see your face. And you can
look in this dirty water and see your face,
too. The artist wants to say that every soul
has a dark side. And we must look at it,
too. This is a very important thought. I
think, it is the best and the wisest work of
art at the whole exhibition," Robert says.
"You're so smart!" Elena says and takes

Neste momento, uma mulher com uniforme de limpeza e com uma esfregona na sua mão entra na sala. Ela aproxima-se do balde e vira-se para a Elena e Robert.

"Ó, desculpem. Eu esqueci-me de levar o balde," diz-lhes a mulher. Ela agarra no balde e leva-o para fora da sala.

"Como dizias?" a Elena ri-se, "O melhor trabalho da exposição…?"

O Robert está em silêncio, confuso. Mas a Elena continua muito impressionada com o seu intelecto.

him by the hand. She admires Robert. At this point a woman in a cleaner's uniform with a mop in her hand enters the room. She approaches the bucket and turns to Elena and Robert.

"Oh, I'm sorry. I have forgotten to take it away," the woman says to them. She takes the bucket and carries it out of the room.

"What did you say?" Elena laughs. "The best work at the exhibition?.."

Robert is silent with confusion. But Elena is still very impressed by his intellect.

22

Limpezas de primavera
Spring-cleaning

A

Palavras

1. acidentalmente - accidentally
2. bónus - bonuses
3. caridade - charity
4. carrinha - trucks
5. correto - correct
6. despedido - fired
7. despedimento - dismissal
8. despedir - dismiss, fire
9. diretor - director
10. documentos - documents
11. eletrodomésticos - electronics
12. enviar - sent
13. erro - mistake
14. escritório - office
15. falar - talk
16. formulário - form
17. infelizmente - unfortunately
18. limpar - clean, wipe off
19. limpeza - cleanliness
20. monte - pile
21. notícias - news
22. nunca - ever
23. papéis - papers
24. período - period
25. período de proibição - probation period
26. pó - dust
27. pontual - accurate

Limpezas de primavera

Robert estuda numa universidade e trabalha numa pequena empresa. A empresa vende eletrodomésticos. Robert trabalha lá há pouco tempo. O diretor aprecia o seu trabalho. Robert está contente porque está tudo a correr bem no trabalho. Mas de repente o vice-diretor pede para falar com Robert. Robert está muito preocupado. Ele não sabe porque foi chamado. O vice-diretor entrega o salário e documentos ao Robert. Robert não percebe nada.

"Tenho muita pena em dizer-te isto, mas estás despedido," diz o vice-diretor.

"Mas porquê?" pergunta Robert.

"Infelizmente, não passaste no período de experiência," diz o vice-diretor.

"Mas o diretor aprecia o meu trabalho!" contrapõe Robert.

"Tenho muita pena," repete o vice-diretor.

Robert pega nos seus documentos e coisas e sai do escritório. Ele está muito aborrecido. No caminho para casa pensa no despedimento. Tudo parece muito estranho. Subitamente, o diretor telefona a Robert. Ele pede a Robert para voltar ao escritório e diz que quer falar com ele. Ele espera que haja boas notícias à sua espera. Ele entra no escritório do diretor e vê que o diretor está a falar com a senhora das limpezas.

"Por favor," diz o diretor à senhora das limpezas, "Nunca mais mexa nos papéis da minha secretária! Nem tire o pó dos papéis! Nunca!"

"Mas estava sujo," responde a senhora das limpezas, "No final eu quero fazer um bom trabalho."

"Rober," diz o diretor, "O teu formulário estava na minha mesa. E a senhora das limpezas mudou-o, acidentalmente, de uma pilha para outra. Foi movido da pilha 'Bónus'

Spring-cleaning

Robert studies at a university and works in a small company. The company sells electronics. Robert hasn't worked there for long. The director praises his work. Robert is happy that everything is going well at work. But suddenly the deputy director sends for Robert. Robert is very worried. He doesn't know why he has been sent for. The deputy director gives him his salary and documents. Robert understands nothing.

"I am very sorry to tell you this, but you're fired," the deputy director says.

"But why?" Robert asks.

"Unfortunately, you did not pass the probation period," the deputy director says.

"But the director praises my work!" Robert objects.

"I'm very sorry," the deputy repeats.

Robert takes his documents and things and leaves the office. He is very upset. On his way home he thinks about this dismissal the whole time. It seems to him very strange. But Robert doesn't make it home. Suddenly the director himself calls him. He asks Robert to return to the office and says he wants to talk to him. Robert is surprised. But he agrees and returns to the office. He hopes that good news is waiting for him. He enters the director's office and sees that the director is talking to the cleaning woman.

"Please," he says to the cleaning woman, "do not ever move the papers on my table! Don't even wipe dust off it! Never!"

"But it was dirty," the cleaning woman replies, "after all, I wanted to make it better."

The director sighs and shakes his head.

"Robert," the director says, "your form was on my table. And our cleaning woman accidentally moved it from one pile to

para a pilha 'Para Despedir'," explicou o diretor, "Lamento muito que isto tenha acontecido. Espero que não volte a acontecer."

Robert está muito contente por ouvir isto. Não pode acreditar na sua sorte.

"Então não vai despedir-me?" pergunta Robert. O diretor sorri para Robert.

"Não, não íamos despedir-te. Não te preocupes," diz o diretor, "Estamos contentes por ter um trabalhador tão cuidadoso e pontual."

"Obrigado," diz Robert, "Isto são notícias muito boas."

"Este erro com o teu despedimento é fácil de corrigir," diz o diretor, "Mas os documentos de três carrinhas com eletrodomésticos foram movidos da pilha 'Vender' para a pilha 'Caridade'. A limpeza ficou cara," diz o diretor e olha com um ar triste para a mesa limpa.

another. That is, your form was moved from the pile for 'Bonuses' to the pile 'To Dismiss'," the director explains, "I'm very sorry that it happened. I hope it will not happen again."

Robert is very glad to hear it. He can't believe his luck.

"So you aren't going to fire me?" Robert asks. The director smiles at Robert.

"No, we aren't going to fire you. Don't worry," the director says, "we are glad to have such an accurate and careful worker."

"Thank you," Robert says, "this is really good news."

"This mistake with your dismissal is easy to correct," the director says, "but the documents of three trucks with electronics were moved from the pile 'Sell' to the pile 'Charity'. Cleanliness is an expensive thing," the director says and looks sadly at his clean table.

23

Táxi bege
Beige taxi

A

Palavras

1. alguém - somebody
2. bagagem - baggage
3. bege - beige
4. branco - white
5. calmamente - calmly
6. carrega - loads
7. carregando - carrying
8. coincide - coincides
9. comboio - train
10. confirmou - confirmed
11. desagradável - unpleasant
12. disse - told
13. educadamente - politely
14. examinado - examining
15. expressão - expression
16. facto - fact
17. inteiro - entire
18. interminável - endless
19. morada - address
20. nervoso - nervous
21. número - number
22. obrigatoriamente - obligatory
23. Opel - Opel
24. paciente - patiently

25. pergunta - inquires
26. perguntam - wonder
27. pesado - heavy
28. pode - may
29. qualquer lugar - anywhere
30. rádio - radio
31. raiva - anger
32. recusa-se - refuses

33. reserva - booking
34. serviços de táxi - taxi service
35. sim - yes
36. telefonista - dispatchers
37. três horas - three o'clock
38. ultrapassar - overcome
39. vender - retells

B

Táxi bege

Um dia, Robert decidiu visitar os seus amigos. Eles vivem noutra cidade e Robert vai de comboio. O comboio dele chega às três da manhã. É a primeira vez que Robert vai àquela cidade. Ele não tem o número de telefone dos serviços de táxis da cidade. Por isso, liga aos amigos e pede para pedirem um táxi que o vá buscar à estação. Os amigos fazem o que ele pede. Eles dizem que dentro de dez minutos chegará um 'Opel' branco para ele. Robert espera e aparece um 'Opel' branco dez minutos depois. O motorista do táxi coloca a bagagem de Robert no carro e pergunta para onde vão. Robert explica que não conhece a morada. Os amigos dele, que chamaram o táxi, deveriam ter dado a morada ao motorista. "O meu rádio funciona muito mal aqui. Por isso, não consigo receber a morada," diz o taxista "Por favor, descobre a morada dos teus amigos. E é necessário perguntar o número de telefone do serviço de táxi que eles chamaram," exige o taxista."Porquê?" questiona Robert.
"Eu só trabalho com reservas," responde o taxista, "Os teus amigos podem ter chamado outro táxi. Isso significa que há outro cliente à minha espera e não posso levar-te a ti."
Robert liga aos amigos de novo e acorda-os de novo com a chamada. Eles dão a morada

Beige taxi

One day Robert decides to go visit his friends. They live in another city and Robert takes a train there. His train arrives there at three o'clock a.m. Robert is there for the first time. He doesn't have a phone number for the taxi services in this city. So he calls his friends and asks them to call a taxi for him to the station. The friends do as he asks. They say that in ten minutes a white 'Opel' will come for him. Robert waits, and really a white 'Opel' comes after ten minutes. The taxi driver puts Robert's baggage in the car and asks where to go. Robert explains that he doesn't know the address. His friends, who called the taxi, should have given the address to the taxi driver.
"My radio works badly here. So I can't get the address," the taxi driver says, "find out the address from your friends, please. And it is obligatory to ask them for the telephone number of the taxi service they called," the taxi driver demands.
"Why?" Robert inquires.
"You see, I work only on booking," the taxi driver replies, "your friends may have called another taxi service. Then it means that another client is waiting for me and I can't take you instead of him."
Robert calls his friends again and wakes them up with his call again. They patiently name the address and the phone number of

e o número de telefone do serviço de táxis pedido. Robert diz tudo ao taxista.

"Ah! Esse é o número de telefone de outro serviço de táxis. Esse não é o número do meu serviço de táxi. Então houve outra pessoa a ligar-me," diz o taxista e tira a bagagem de Robert do carro. Robert está confuso.

"O teu serviço de táxis pode ter outros números," supõe Robert, "Disseram-me que um 'Opel' branco viria em dez minutos. E você apareceu em dez minutos. Afinal tem um 'Opel' branco e não há mais nenhum táxi aqui."

"Não," o taxista diz, "Agora está claro que virá outro táxi para ti. Na verdade, o meu 'Opel' não é branco, mas sim bege. E tem de esperar pelo outro."

Robert olha para o carro dele. Pode ser bege. Mas às três da manhã, ao escuro, não é fácil ver. O taxista avança para o lado, pára e fica a aguardar pelo seu cliente.

E Robert volta a ficar sozinho, perto do edifício da estação de comboios. Ele tem frio e quer dormir. Passaram mais dez minutos e o 'Opel' não aparece. Os amigos estão preocupados e ligam a Robert. Eles perguntam porque é que ele ainda não chegou a casa. Ele explica a eles o que aconteceu.

Poucos minutos depois, eles ligam de volta a dizer que o táxi já está no local. O taxista confirmou-o. Robert dá uma volta à estação, mas não encontra nenhum táxi. O tempo passa e já são quatro e meia. Os amigos de Robert querem dormir. Eles começam a ficar nervosos. Eles não conseguem perceber porque é que ele não consegue encontrar o táxi. Eles ligam de novo a Robert e dizem o número do táxi. Para Robert parece que está a viver um pesadelo interminável. Ele dá a volta a toda a estação, carregando a bagagem pesada com ele. Mas não há nenhum carro com o número. Quando de repente, depois

the taxi service. Robert retells all this to the taxi driver.

"Oh! This is the phone number of another taxi service. This is not the phone number for my taxi service. Then somebody else called me," the taxi driver says and take Robert's baggage out of the car. Robert is confused.

"Your taxi service may have several different numbers," Robert supposes, "I was told that a white 'Opel' would come for me in ten minutes. And you came exactly in ten minutes. After all, you have a white 'Opel', and there aren't any other taxis here."

"No," the taxi driver says, "it is now clear that another taxi will come for you. The fact is that my 'Opel' isn't white, but beige. And you have to wait for the white one."

Robert looks at his car. It may be beige. But at three o'clock at night, in the dark, it is not easy to see. The taxi driver drives off to the side, stops and waits for his client. And Robert stands alone again near the building of the station. He is cold and he really wants to sleep. Ten minutes more pass, but the white 'Opel' doesn't come. The friends worry and call Robert. They wonder why he is not at their house yet. He explains to them what happened.

In a few minutes they call again and say that the car is already at the place. The taxi service has just confirmed it. Robert goes around all the area of the station, but doesn't find his taxi. Time passes, and it's already half past three. Robert's friends want to go to sleep. They begin to get nervous. They don't understand why Robert can't find his taxi. They call Robert again and tell him the number of the car. It seems to Robert that he is watching an endless and unpleasant dream. He goes around the entire station, carrying the heavy baggage behind him, and examining the numbers of the cars. But there isn't a car with this

de andar muito tempo, ele descobre que o número coincide com o táxi 'Opel' bege.
Robert está muito zangado. Ele vai ter com o taxista e explica tudo a ele. Ele faz o seu melhor para falar de forma calma e educada. "Ah, deixe-me só pensar," diz o taxista e carrega a bagagem de Robert de novo para o carro. Robert faz o seu melhor para ultrapassar a raiva. Afinal, ele já está a andar à volta da estação com a sua bagagem pesada à uma hora e não deixa os seus amigos dormir! E tudo porque esta pessoa se recusava a considerar o seu carro branco! E a tudo isto ele responde "Ah"!
"E o facto do seu carro não ser branco mas sim bege?" perguntou Robert.
"Sim, também me prejudicou, o atendedor confundiu-se," respondeu o taxista com uma expressão calma no seu rosto, "Bem, já confirmou a morada?"
Claro que Robert já não se lembra da morada. Ele percebe que deve ligar aos amigos de novo. E parece que eles já não estão contentes com a sua chegada.

number anywhere. When suddenly after walking for a long time he finds out that the number coincides with the car number of that taxi driver of beige 'Opel'.
Robert is very angry. He comes back to the taxi driver and explains to him all this. He tries his best to speak calmly and politely. "Hum, just think of it," the taxi driver says and loads Robert's baggage into the car again. Robert does his best to overcome anger. After all, he has already walked around the station with heavy suitcase for an hour and didn't let his friends sleep! And just because this person refuses to consider his car white! And to all this he replies "Hum"!
"And how about the fact that your car isn't white, but beige?" Robert asks.
"Yes, it hurts me too, that dispatchers mix it up," the taxi driver answers with a calm expression on his face. "Well, have you confirmed the address?"
Of course Robert doesn't remember the address anymore. He understands that he must call his friends again. And it seems to him, that they aren't glad about his arrival anymore.

24

Árvore de Natal
Christmas tree

A

Palavras

1. a carregar - loading
2. adeus - bye
3. amarra - tie
4. celebração - celebration
5. certo - okay
6. compras - purchases
7. conclui - concludes
8. conversação - conversation
9. decorações - decorations
10. depois - afterwards
11. dificuldade - difficulty
12. eles próprios - themselves
13. encaixa - fit
14. festivo - festive
15. firmemente - tightly
16. fogo de artifício - fireworks
17. lixo - trash
18. local de trabalho - workplace
19. loja - store
20. máscaras - masks
21. partida - prank
22. pé - foot
23. rapazes - boys
24. saída - exit
25. serviço de entrega - delivery service
26. tempo livre - spare time
27. tesoura - scissors
28. todos - everyone
29. topo - top

B

Árvore de Natal

Robert gosta de passar o seu tempo livre a ler livros. O David gosta de jogar jogos de computador. Ele também gosta de fazer partidas à irmã dele e aos seus amigos. O Robert e o David também têm interesses comuns. Eles gostam de celebrações em família. O Natal é a celebração favorita do Robert e do David. Eles vão todos os anos a um supermercado para comprar uma árvore de Natal. Este ano, o Robert e David também vão ao supermercado juntos.

O David comprou presentes de Natal para os seus familiares no supermercado. O Robert comprou decorações de fim de ano, fogo de artifício, máscaras e surpresas divertidas. Depois, eles escolhem uma boa árvore de Natal. O Robert e o David recolheram a árvore e carregaram-na até à saída com dificuldade. Eles pagaram a compra e dirigiram-se à saída. Os rapazes não repararam que um serviço de entregas está disponível por perto. O Robert e o David começam a carregar eles próprios a árvore. A árvore de Natal não cabe na bagageira. Por isso, eles decidem prendê-la ao teto do carro. Robert vai até à loja e compra uma corda forte. Robert e David colocam a árvore de Natal no teto do carro. Eles só precisam de atá-la com cuidado. Neste momento, o telefone de Robert começa a tocar no carro. Gabi, a sua irmã, telefona-lhe. Robert entra no carro e atende a chamada.

"Olá," diz ele.

"Olá, Robert!" diz Gabi.

"Olá, Gabi! Como estás?" responde o Robert. O David começa ele mesmo a prender a árvore de Natal. A conversa de Robert e Gabi dura cerca de três minutos.

"Robert, eu já prendi a árvore de Natal," diz o David, "Eu tenho que ir urgentemente ao

Christmas tree

Robert likes to spend his spare time reading books. David likes playing computer games. He also likes playing pranks on his sister and his friends. Robert and David have common interests too. They like family celebrations. Christmas is Robert's and David's favorite celebration. They go to a supermarket to buy a Christmas tree every year. This year Robert and David go to a supermarket together as well.

David buys Christmas gifts for his relatives in the supermarket. Robert buys ew Year's decorations, fireworks, masks and funny surprises. Afterwards they go to choose a Christmas tree. They choose a fine tall tree. Robert and David pick it up and carry it to the exit with difficulty. They pay for the purchases and go to the exit. The boys don't see that a delivery service is nearby. Robert and David begin loading the Christmas tree themselves. The Christmas tree does not fit in the trunk. So they decide to tie it to the top of the car. Robert goes to the store and buys a strong rope. Robert and David put the Christmas tree on the top of the car. They just need to tie it tightly. At this moment Robert's phone rings in the car. Gabi, his sister, calls him. Robert gets into the car and answers the call.

"Hello," he says.

"Hello, Robert!" Gabi says.

"Hello, Gabi! How are you?" Robert replies. David begins tying the New-Year's tree himself. Robert's and Gabi's conversation lasts about three minutes.

"Robert, I have already tied the Christmas tree," David says, "I have to go to work urgently for a minute, so go without me.

trabalho durante um minuto, por isso vai sem mim. Eu volto daqui a cerca de 20 minutos," conclui David. O local de trabalho dele fica perto do supermercado e ele quer ir lá a pé.

"Certo. Ataste bem a árvore de Natal?" pergunta o Robert.

"Não te preocupes. Eu prendi-a muito bem. Adeus."

O David responde, sorri maliciosamente para o Robert e parte.

O Robert conduz até à casa do David. No caminho, os outros condutores sorriem para ele. Robert também sorri para eles. Toda a gente está com disposição festiva hoje! O Robert conduz até à casa do David. Ele pára o carro. O Robert tenta abrir a porta do carro. Mas a porta não abre. Agora, o Robert vê que a corda passa pelas janelas abertas. Ele não consegue sair porque o David também atou as portas. Robert telefona aos pais do David. A irmã do David atende o telefonema.

"Sim," responde a Nancy ao telefonema.

"Nancy, daqui é o Robert. Podes vir à rua? E traz tesouras, por favor," pede o Robert. Nancy vai até à rua e vê que o Robert está sentado no carro e não consegue sair. Ela começa a rir-se. Além disso, ela vê uma lata de lixo perto do carro. Robert corta a corda e sai do carro. Ele também vê a lata de lixo. Robert vê que a corda está presa à lata de lixo. O Robert esteve a conduzir com o lixo preso ao carro durante todo o tempo! Foi uma partida que David lhe fez enquanto ele falava com a Gabi!

"Agora percebo porque os condutores sorriam!"

Robert ri-se. Ele não está zangado com o David, mas ele já sabe que partida lhe vai fazer.

I'll come in about twenty minutes," David concludes. His workplace is near the supermarket and he wants to go there on foot.

"Okay. Have you tied the Christmas tree tightly?" Robert asks.

"Don't worry. I've tied it well. Bye," David replies, smiles slyly to Robert and leaves.

Robert drives to David's house. On his way other drivers smile at him. Robert also smiles at them. Everyone has a festive mood today! Robert drives up to David's house. He stops the car. Robert tries to open the door of the car. But the door doesn't open. Now Robert sees that the rope goes through the open windows. He can't get out because David also tied the doors. Robert calls David's parents. David's sister answers the call.

"Yes," Nancy answers the call.

"Nancy, this is Robert. Could you go outside? And bring scissors, please," Robert asks. Nancy goes outside and sees that Robert sits in the car and can't get out. She starts laughing. Besides, she sees a trash can near the car. Robert cuts the rope and gets out of the car. He sees the trash can too. Robert sees that the rope is tied to the trash can. Robert was driving with the trash can behind all way! It is a prank that David played on him when Robert was talking to Gabi!

"Now I see why the drivers smiled!" Robert laughs. He isn't angry with David, but he already knows what prank he will play on him.

25

Grande fogo
Big fire

A

Palavras

1. assenta - settles down
2. cena - scene
3. cigarro - cigarette
4. cinema - cinema
5. confortavelmente - comfortably
6. culpa - fault
7. desfrutar - enjoy
8. desliga - switch off
9. entrada do cinema - cinema hall
10. esposa - wife
11. esqueceu - forgot
12. ferro - iron
13. filme - film, movie
14. filme de ação - action film
15. fotos - photos
16. influência - influence
17. inquieta - uneasy
18. inundação - flood
19. passa - spend
20. perdão - forgive
21. queima - burns
22. querida - darling
23. torneira - faucet
24. valioso - valuable

B

Grande fogo

Os pais de David e Nancy geralmente passam o seu fim de semana em casa. Mas hoje, Linda e Christian vão ao cinema.

Christian tranca a porta. Não está ninguém em casa. O David e a Nancy foram visitar o Robert e a Gabi.

Linda e Christian chegam à sala de cinema e ocupam os seus lugares. O filme começa. É um filme de ação. Linda e Christian gostam de filmes de ação. Subitamente, Linda diz: "Querido! Penso que te esqueceste de apagar um cigarro em casa."

"É apenas impressão tua. Tudo está bem. Acalma-te e aprecia o filme," responde calmamente Christian à sua mulher.

"Sim, tens razão, Christian," diz Linda. Ela aninha-se confortavelmente na cadeira, sorri e vê o filme. Mas subitamente uma cena de fogo aparece no filme. Linda grita: "Christian! E se eu me esqueci de desligar o ferro?"

"Linda, o filme tem uma má influência em ti" diz o Christian. Linda tenta acalmar-se. Mas não dura muito tempo. Ela diz novamente: "Christian, porque não consegues compreender? O fogo queima tudo - documentos, dinheiro, fotos, coisas valiosas! Não consigo ficar aqui sentada mais tempo!" Linda levanta-se e vai até à saída. O Christian corre atrás dela. Eles apanham um táxi e vão para casa. Christian está muito aborrecido. Ele queria passar esta noite com a sua mulher a ver um filme interessante.

"Linda, desculpa, mas por vezes estragas tudo! Eu queria tanto ver um filme contigo e depois passear pela cidade à noite e ir a um café!" diz o Christian. Linda sente-se culpada.

"Desculpa-me, Christian! Eu apenas me sinto muito desconfortável," diz a Linda ao seu

Big fire

David and Nancy's parents usually spend their weekends at home. But today Linda and Christian are going to the cinema.

Christian locks the door. There is nobody at home. David and Nancy went to visit Robert and Gabi.

Linda and Christian come into the cinema hall and take their sits. The movie begins. It's an action movie. Linda and Christian like action movies. Suddenly Linda says: "Darling! It seems to me that you forgot to put out a cigarette at home."

"It just seems to you. Everything is okay. Calm down and enjoy the film," Christian replies quietly to his wife.

"Yes, you're right, Christian," Linda says. She settles down comfortably in the chair, smiles and watches the film. But suddenly a fire scene appears in the film. Linda cries out: "Christian! What if I forgot to switch off the iron?"

"Linda, the film has a bad influence on you!" Christian says. Linda tries to calm down. But it does not last long. She says again: "Christian, why can't you understand? Fire burns everything - documents, money, photos, valuable things! I can't sit here anymore!" Linda gets up and goes to the exit. Christian runs after her. They take a taxi and go home. Christian is very upset. He wanted to spend this evening with his wife watching an interesting film.

"Linda, I am sorry, but sometimes you spoil everything! I wanted to watch a film with you so much and then walk in the city at night, go to a café!" Christian says. Linda feels guilty.

"Forgive me, Christian! I just feel very

marido.

Christian está agradado por a sua mulher admitir a sua culpa. Eles chegam a sua casa e saem do carro.

"Christian!" chora Linda. Eles olham para a sua casa. E o que veem? Em frente da casa está um carro de bombeiros e diversos polícias. Christian e Linda correm para casa. Não é um fogo, mas sim uma inundação. Linda esqueceu-se de desligar uma torneira, quando ela saiu com o seu marido para ir ao cinema.

uneasy," Linda says to her husband.

Christian is pleased that his wife admits her fault. They arrive at their house and get out of the car.

"Christian!" Linda cries. They look at their house. And what they see? In front of the house there is a fire truck and several policemen. Christian and Linda run into the house. There isn't a fire, but a flood! Linda forgot to turn off a faucet, when she went out with her husband to the cinema.

26

Cuidado com o cão mau!
Beware of angry dog!

A

Palavras

1. a ladrar - barking
2. a usar - using
3. apressou-se - rushed
4. borracha - rubber
5. cadeia - chain
6. caiu - crashed
7. casota do cão - doghouse
8. conhecer pessoas novas - acquaintance
9. disciplinado - disciplined
10. esticado - stretch
11. estranhamente - strangely
12. fio - chill, thread
13. fortemente - strongly
14. independentemente - nevertheless
15. interesse - meters
16. invulgarmente - unusually
17. jogou - threw
18. ladra - bark
19. marca - dials
20. médico - medical
21. portão - gate
22. rasgou - tore
23. saber - knowing
24. temperamento - temper
25. temporário - temporary
26. torniquete - tourniquet
27. ver - saw

B

Cuidado com o cão mau!

Um dia, o Robert foi visitar o seu conhecido. Ele tem um grande cão em casa. O cão geralmente está preso a uma corrente perto da sua casota. A nota no portão "Cuidado com o cão mau" é completamente verdade. Sabendo do temperamento do cão, o Robert pára longe do portão e marca o número do seu conhecido. Ele quer que o seu conhecido saia e segure o seu cão. Depois, o Robert pode entrar rapidamente em casa.

Contudo, o cão ouve o Robert e corre desde a sua casota para ladrar. Embora o Robert esteja separado do cão pela vedação, ele sente um arrepio interior - o enorme cão está preso apenas por uma corda fina, quase um fio…

Mas o cão porta-se de forna estranha desta vez. Ele corre para o Robert mas olha para trás, para a corda durante todo o tempo. Ele corre para um ponto em que a corda estica um pouco e pára. E apenas aí ele começa a ladrar ruidosamente a Robert. O seu conhecido vem e segura o cão. Robert e o seu conhecido vão para dentro de casa.

"Porque é que ele está estranhamente disciplinado?" pergunta Robert, "Antes, ele quase destruía a corrente - ele corria para atacar com tanta força."

"Não era apenas com a corrente," responde o conhecido do Robert, "O que eu não tentei usar para prendê-lo? Eu tentei tudo. Quando ele destruiu a última grande corrente, não havia mais nada que eu pudesse usar para atá-lo. Eu apenas tinha um torniquete médico de borracha. Bom, eu pensei usar o torniquete para atá-lo temporariamente, até que fosse a uma loja comprar uma nova corrente. Eu atei-o e depois um vizinho apareceu. Como sempre, o cão correu a ladrar. Mas, desta vez, o torniquete de borracha esticou e depois atirou com o cão para trás uns três metros! Ele bateu

Beware of angry dog!

One day, Robert goes to visit his acquaintance. He has a big dog at home. The dog is usually tied to a chain near its doghouse. The notice on the gate 'Beware of angry dog' is completely true. Knowing the dog's temper, Robert stops far away from the gate and dials the acquaintance's phone number. He wants his acquaintance to go out and hold his dog. Then Robert can quickly go in the house.

The dog nevertheless hears Robert and runs from the doghouse to bark. Even though Robert is separated from the dog by a fence, he feels a chill inside - the huge dog is tied only to a thin rope, almost a thread…

But the dog behaves strangely this time. It runs to Robert but looks back at the rope all the time. It runs to a place, where the rope stretches a little, and stops. And only then it starts barking loudly at Robert. His acquaintance comes out and holds the dog back. Robert and his acquaintance go into the house.

"Why is it so unusually disciplined?" Robert asks. "Before, it almost tore the chain - it rushed to attack so strongly."

"Not only the chain," Robert's acquaintance replies. "What haven't I tied it with? I tried everything. When it tore the last strong chain, there wasn't anything any more with which to tie it. I only had a medical rubber tourniquet. Well, I thought, I'll tie it temporary till I go to a store for a new chain. I tied it and just then a neighbor came by. So, the dog as always rushed barking. But this time the rubber tourniquet stretched and then threw the dog back by about three meters! It crashed into the doghouse. Then the

90

contra a casota. Depois aconteceu o mesmo mais algumas vezes. No dia a seguir eu vi o cão a ser mais cuidadoso. Eu reparei que o torniquete não esticava. Eu não tive tempo para ir comprar uma nova corrente. E a minha mãe precisou recentemente do torniquete. Eu tirei-o e devolvi-o a ela. Estou a usar esta corda fina há vários dias. Mas o cão tornou-se cuidadoso!"

same happened a few more times. The next day I saw that the dog became careful. It watched all the time that the tourniquet didn't stretch. I didn't have time to go for a new chain. And my mom recently needed the tourniquet. I took it off and gave it to her. I have been using this thin rope for several days already. But the dog became careful!"

27

O erro de Mars
Mars's mistake

A

Palavras

1. a empurrar - pushing
2. apanhado - caught
3. aparece - appear
4. cadeira com braços - armchair
5. carpete - carpet
6. carrasco - executioner's
7. com sucesso - successfully
8. corda - cord
9. debaixo - under
10. dona de casa - household
11. ecrã - screen
12. elétrico - electric
13. ficheiro - file
14. furacão - hurricane
15. ligar - plug
16. Mars - Mars
17. medieval - medieval
18. meia - socket
19. opção - option
20. pata - paw
21. paz - peace
22. perdoado - forgiven
23. raramente - seldom
24. sensível - sensible
25. sortudo - be lucky
26. sucesso - succeeds
27. terminou - ended

B

O erro de Mars

Uma noite, David estava sentado no sofá a ler uma revista. A sua mãe está sentada perto no computador a fazer alguns trabalhos. Paz e sossego... E, neste momento, o gato Mars entra a correr na sala. É um verdadeiro furacão doméstico! Em apenas 5 segundos ele corre à volta da sala três vezes, trepa uma carpete, salta de lá diretamente para cima do David, depois mete-se debaixo do sofá, sai de lá, abana-se e faz uma centena de outras coisas não muito sensíveis. Depois, o gato senta-se no meio da sala e pensa - o que mais devo fazer? Brincar com alguém da família não é uma opção neste momento. Neste momento, o gato repara no fio elétrico do computador. O gato salta para o braço da cadeira e começa a brincar com o fio elétrico. Antes de o David ter tempo de fazer alguma coisa, o gato começou a tarefa que tinha começado. A ficha elétrica saiu um pouco da tomada. E... o computador desligou-se! A mãe de David olha para o ecrã preto e não percebe o que se passa. Subitamente, ela lembra-se que salvou um ficheiro no computador há duas horas atrás. Depois, a Linda vira-se lentamente para o gato e um sorriso de carrasca medieval surge no seu rosto. O gato começa a sentir que o fim da sua vida feliz está a chegar. Mas ele miou tão pouco, apanhou tão poucos ratos, brincou tão raramente com Fedora, o gato vizinho. Então, Mars percebe que a ficha não está completamente fora da tomada e com a sua pata começa a empurrar a ficha para a tomada. Ele provavelmente espera que se conseguir reparar tudo, consiga ser perdoado. E ele consegue! A ficha volta para o lugar e o computador liga-se!
O Mars sai rapidamente da sala e deita-se perto de uma janela na cozinha. Ele olha para

Mars's mistake

One evening, David is sitting on a couch and reading a magazine. His mom is sitting nearby at the computer and doing some work. Peace and quiet... And here the cat Mars rushes into the room. It is a real household hurricane! In just five seconds it runs around the room three times, climbs on a carpet, jumps off there directly on David, then gets under the couch, gets out of there, shakes himself off and does a hundred other not very sensible things. Then the cat sits down in a middle of the room and thinks - what else should it do? Playing with someone from the family is not an option right now. At this point the cat notices a computer electric cord. The cat jumps on an armchair and starts playing with the electric cord. Before David has time to do anything, the cat manages to finish the task it has started. The electric plug goes a little out of the socket. And... the computer turns off! David's mother looks at the black screen and does not realize what's going on. Suddenly she remembers that she saved a file on the computer two hours ago. Then Linda slowly turns to the cat and a medieval executioner's smile starts to appear on her face. The cat begins feeling that the end of its happy life is coming. But it has meowed so little, it has caught so few mice, it has played so seldom with the neighbor cat Fedora. And then Mars turns to the plug that isn't completely out of the socket, and with its paw starts pushing it back into the socket. It probably hopes that if it can fix everything, it will be forgiven. And it succeeds! The plug goes into its place and the computer turns on! Mars quickly leaves the room and lies down by a window in the kitchen. It looks at the street and probably

a rua e provavelmente pensa que deve ser sortudo por tudo ter terminado de forma tão positiva.

thinks it must be lucky that everything ended so successfully.

28

Passar à frente na fila
Cutting in line

A

Palavras

1. a cortar a linha - cutting the line
2. a supervisionar - supervising
3. amostras - samples
4. antigo - former
5. apoia - supports
6. caixa registadora - cash register
7. circustâncias - circumstances
8. colega - schoolmate
9. com orgulho - proudly
10. com raiva - angrily
11. contra - against
12. desculpa - apologize
13. desde - since
14. dinheiro - cash
15. disse - said
16. entrou - stepped
17. esses - those
18. explicação - explanation
19. fatia - loaf
20. gerente - manager
21. impudência - impudence
22. indignado - outraged

23. loja de conveniência - convenience store
24. modesto - modest
25. morada - addresses
26. organização - organization
27. pão - bread
28. queijo - cheese
29. quilograma - kilogram
30. rachar - chap

31. risco - risk
32. salsicha - sausage
33. senhor - mister
34. sumo - juice
35. tomate - tomato
36. vendedora - saleswoman
37. vendido - sold
38. vingança - revenge

 B

Passar à frente na fila

Um dia, David foi até a uma loja de conveniência para comprar algumas salsichas e queijo. Havia muitas pessoas na loja. O David ocupou um lugar na fila e olhou em volta. O antigo colega de escola do David, o Michael, entrou na loja e foi direito à caixa, sem prestar qualquer atenção à fila. Michael foi um rapaz modesto na escola. Se alguém tropeçasse no seu pé, seria ele que pediria desculpa. Ele não mudou deste então, e se ele decidiu passar à frente na fila, então de certeza que as circunstâncias são muito sérias. Michael dirige-se à vendedora pelo nome: "Júlia, dá-me um quilograma de salsichas, uma fatia de pão e um pacote de sumo de tomate, por favor."
Surpreendida por um momento por tal impudência, a linha fica furiosa com Michael. Michael diz "Desculpem" ou "Lamento" a cada frase que dirigem contra ele. Quando ele se desculpa mais uma vez e afasta-se da fila, as pessoas falam com a vendedora exigindo uma explicação.
"Olá, Michael!" diz-lhe David com um sorriso, "Como estás meu velho?"
"David!" diz Michael, "Olá, meu amigo! Há quanto tempo!"
Mas as pessoas na fila não se acalmaram. Uma pequena mulher exige o gerente.

Cutting in line

One day, David goes into a convenience store to buy some sausage and cheese. There are a lot of people in the store. David takes a place in the Line and looks around. David's former schoolmate, Michael, enters the store and goes right to the cash register, without paying any attention to the Line. Michael was a modest boy at school. If somebody stepped on his foot, he was the one who apologized. He has not changed since then, and if he decided to jump the Line, then the circumstances are very serious for sure. Having apologized to the Line several times, Michael addresses the saleswoman by name: "Julia, give me a kilogram of sausage, a loaf of bread and a pack of tomato juice, please."
Surprised for a moment by such impudence, the Line gets outraged with Michael. Michael says "I'm sorry" or "I apologize" to every phrase said against him. When he apologizes once more and walks away from the Line, people talk to the saleswoman demanding an explanation.
"Hello, Michael!" David says to him with a smile. "How are you, old chap?"
"David!" Michael says. "Hello, my dear! Long time no see!"
But people in the Line do not calm down. A little old woman demands the manager.

"Senhor gerente," diz a vendedora ao antigo colega de escola do David, "Eles estão a exigir a sua presença!"

"Embora seja o gerente, você não tem o direito de quebrar as regras!" resmunga zangada a velha mulher. Ela bate na perna de Michael com o seu saco e orgulhosamente sai da loja. David segura o Michael para ele não cair. Eles olham para as outras pessoas na fila com cautela. Mas parece que elas ficaram satisfeitas com a vingança da velha mulher e afastam-se deles.

"Uma organização supervisora exigiu urgentemente amostras de alguns dos alimentos vendidos na nossa loja," explica-se Michael a David, "Eu não pensei que correria um risco ao pedir para a vendedora me dar estas amostras."

"Mister manager," the saleswoman says to David's former schoolmate, "they are demanding you!"

"Although you're the manager, you still don't have the right to break the rules!" the old woman cries angrily. She hits Michael's leg with her bag and proudly leaves the store. David supports Michael so that he does not fall. They look at the other people in the Line with caution. But those are satisfied with the old woman's revenge and turn away from them.

"A supervising organization urgently demands samples of some of the food sold in our store," Michael explains to David, "I didn't think I would take a risk when I asked the saleswoman to give me these samples."

29

Lugar número 13
Seat number thirteen

A

Palavras

1. aderir - joining
2. alegremente - gladly
3. autocarro - bus
4. beija - kisses
5. carregar - charge
6. casar - marry
7. chamada - connection
8. chora - cry
9. computador - laptop
10. conhecido - acquaintance
11. conta - account
12. desperdiçar - waste
13. elétrico - tram
14. elimina - deletes
15. espanhol - Spanish
16. estudar - study
17. exercício - exercise
18. exército - army
19. frases - sentences
20. inesperadamente - unexpectedly
21. ligar - calling
22. livro - textbook
23. lugar - seat
24. luz - light
25. mensagem - message
26. não pode - cannot
27. ontem - yesterday
28. palavra-passe - pass
29. parte - departs
30. perfil - profile
31. preocupada - worried
32. publicar - post
33. sair - log out
34. tablet - tablet
35. texto - text
36. tocar - ringing
37. traduzir - translate
38. treze - thirteen
39. túnel - tunnel
40. Twitter - Twitter

B

Lugar número treze

Robert vai visitar a sua amiga Elena. Ele não lhe disse, porque quer fazer uma surpresa. Ele quer pedi-la em casamento.

Robert compra um bilhete de autocarro. Ele leva duas horas a chegar. Robert não quer perder tempo. Ele leva um livro com ele. Ele quer estudar espanhol.

Robert entra no autocarro. Ele tem o lugar número treze. Um homem senta-se ao lado dele. O autocarro sai da estação. Robert pega no seu livro. Ele começa a fazer o primeiro exercício. Robert tem de traduzir um texto. Ele traduz apenas duas linhas, quando o telemóvel começa a tocar. É o David que está a ligar.

"Olá, Robert. É verdade?" pergunta David.

"Sim, é verdade," responde Robert, "Bem… como é que descobriste?"

"Li no Twitter. É fantástico! É uma pena não nos vermos em breve. Desejo-te boa sorte!" diz David e termina a conversa.

Robert não percebe. Porque não se iriam ver em breve? Ele também não publicou no Twitter que ia pedir a Elena em casamento. Robert pega no livro de novo. Tenta estudar espanhol. Passam cerca de quinze minutos. O telemóvel toca de novo. O número de Elena aparece no ecrã.

"Olá, Robert," diz Elena.

"Olá, Elena," responde Robert.

"Porque não me contaste?" Elena começa a chorar, "Vou esperar por ti…"

O autocarro entra num túnel e a chamada cai. Robert está confuso. Ele olha para o livro mas não consegue estudar. Ele pensa nas chamadas estranhas. Depois, vê o número treze no seu lugar. Robert sente-se inquieto. Ele pega no telemóvel para ligar à Elena. O ecrã do telemóvel não acende. Ele esqueceu-

Seat number thirteen

Robert is going to visit his friend Elena. He doesn't let her know because he wants to come unexpectedly. He wants to ask her to marry him.

Robert buys a bus ticket. It takes two hours to get there. Robert doesn't want to waste this time. He takes a textbook with him. He wants to study Spanish.

Robert gets on the bus. He has seat number thirteen. A man sits down next to him. The bus departs from the station. Robert takes out his textbook. He begins doing the first exercise. Robert has to translate a text. He translates only two sentences, when his phone starts ringing. This is David calling.

"Hi Robert. Is it true?" David asks.

"Yes, it is true," Robert answers. "Well… how did you find out about it?"

"I read it on Twitter. It's great! It's pity we won't see each other soon. I wish you good luck!" David says and finishes the conversation.

Robert doesn't understand. Why won't we see each other soon? He also did not post on Twitter that he was going to ask Elena to marry him. Robert takes out the textbook again. He tries to study Spanish. About fifteen minutes pass. The phone rings again. Lena's phone number is on the screen.

"Hi Robert," Lena says.

"Hi Lena," Robert answers.

"Why didn't you tell me?" Elena begins to cry. "I will wait for you…"

The bus goes into a tunnel and the connection breaks. Robert is confused. He looks at the textbook, but cannot study. He thinks about the strange calls. Then he sees the number thirteen on his seat. Robert feels uneasy. He takes out the phone to call Elena. The telephone screen does not light

se de carregar a bateria.

O autocarro chega à cidade de Elena uma hora depois.

Robert sai do autocarro e apanha um elétrico para casa de Elena. Ele aparece em casa de Elena inesperadamente e ela fica muito preocupada.

"Olá, Elena," diz ele ao abraçá-la.

"Olá, Robert," responde ela. Ela está contente por Robert ter aparecido. Ela beija-o.

"Porque me disseste que ias esperar por mim?" pergunta Robert, "Esperar por mim para voltar para onde?"

"Eu li no Twitter que ias alistar-te no exército," diz ela.

Robert lembra-se que ontem à noite tinha escrito alguma coisa no tablet de um conhecido e que se esqueceu de fazer a saída do seu perfil. Robert percebe que tudo se tratou de uma partida. Ele pede a Elena para ligar o computador dela. Ele entra na sua conta e elimina a mensagem "Vou alistar-me no exército militar." Robert e Elena riem.

Robert liga a David e conta a história. Ele também conta que Elena concordou em casar.

"Estou muito contente por casares em vez de alistares-te ao exército!" diz David alegremente.

up. Robert forgot to charge it.

The bus arrives in Elena's city an hour later. Robert goes out to the station and takes a tram to Elena's house. He comes to her house unexpectedly and Lena is very worried.

"Hi Lena," he says and hugs her.

"Hi Robert," Elena answers. She is glad that Robert came. She kisses him.

"Why did you tell me you would wait for me?" Robert asks. "Wait for me to return from where?"

"I read on Twitter that you are going to join the army," she says.

Robert recalls that yesterday evening he wrote something on Twitter on his acquaintance's tablet and forgot to log out of his profile. Robert understands that his acquaintance played a prank. He asks Lena to switch on her laptop. He goes into his account and deletes the message "I am going to join the army." Robert and Elena laugh. Robert calls David and tells him all this story. He also says that Lena agreed to marry him.

"I am really glad that you are going to get married instead of joining the army!" David says gladly.

30

Trabalho de casa
Homework

Palavras

1. tarde - afternoon
2. terrivelmente - awfully
3. estar contente - be glad
4. capaz - capable
5. aula - class
6. feito - done
7. contente - glad

8. ano - grade
9. repreender - scolds
10. folhas - sheet
11. tonta - silly
12. único - single
13. não confirmado - unchecked

B

Trabalho de casa

Nancy vai para o terceiro ano da escola. Linda e Christian têm muita atenção aos seus estudos. Eles verificam sempre os trabalhos de casa dela. Mas é difícil verificar os trabalhos de espanhol. Por isso, David verifica sempre os de espanhol. Nancy é uma rapariga capaz. Mas não estuda bem espanhol. Por isso, David ajuda-a muito.

Depois de algum tempo, Nancy começa a fazer todos os exercícios sem erros. Christian e Linda estão muito contentes por ela estudar bem espanhol.

Como sempre, David confirma os trabalhos de casa da irmã à noite. Ele vê que está tudo correto. Não há um único erro. David está muito contente. Ele mostra o trabalho de casa da irmã a Christian e Linda. Estão todos muito contentes e agradados com Nancy.

Mas, na manhã seguinte, Linda vê uma folha de papel com o trabalho de casa que David confirmou ontem na secretária da filha. Linda percebe que a filha esqueceu-se da folha na secretária. Ela fica preocupada com a filha, porque ela já foi para a aula sem os seus trabalhos de casa.

Nancy volta a casa à tarde e Linda pergunta: "Hoje, esqueceste-te do trabalho de casa de espanhol?" diz ela, "Agora tens uma nota má por causa disso?"

"Não, mãe" a filha responde, "Está tudo bem com o trabalho de casa. Tive uma boa nota. Porque pensaste isso?" diz Nancy surpreendida.

"Tiveste uma boa nota?" Linda também está surpreendida, "Mas como é que isso é possível? Está aqui na secretária. Este é o teu trabalho de casa, que o David

Homework

Nancy goes to the third grade at school. Linda and Christian pay a lot of attention to her studies. They always check her homework. But it is difficult for them to check Spanish. So David always checks Spanish. Nancy is a capable girl. But she does not study Spanish well. So David helps her study a lot.

After some time Nancy begins doing all the exercises without mistakes. Christian and Linda are very glad that she studies Spanish well.

Once in the evening David as always checks his sister's homework in Spanish. He sees that everything is done correctly. There isn't a single mistake. David is very glad. He shows his sister's home work to Christian and Linda. All are very happy and praise Nancy.

But next morning Linda sees a sheet of paper with homework that David checked yesterday on her daughter's desk. Linda realizes that her daughter has forgotten this sheet of paper on the desk. She is worried about her daughter, because she has gone to the lesson without her homework today.

Nancy comes back home in the afternoon and Linda asks her:

"Have you forgotten your homework in Spanish for today?" she says. "Now you've got a poor grade for it?"

"No, mom," the daughter replies to her, "it's all right with the assignment. I've got a good grade for it. Why do you think so?" Nancy says in surprise.

"You've got a good grade for it?" Linda is surprised too. "But how is it possible? It is here on the desk. This is your today's homework, that David checked."

confirmou."

"Esse é o trabalho de casa de ontem," explicou a filha, "Verificamos na aula hoje."

Linda não consegue perceber o que se passa… "E porque pediste ao David para confirmar um trabalho de casa que já tinhas corrigido na aula?" pergunta Linda, "Porque não pediste para ele ver o trabalho de casa para hoje?"

"Porque não consegues perceber," responde a filha, "Seria tonta se mostrasse um trabalho por corrigir. David grita e repreende-me por cada erro! Por isso dei o trabalho de ontem, que já tínhamos corrigido na escola."

"It is yesterday's homework," the daughter explains to her, "we checked it in class yesterday."

Linda can't understand what's going on…

"And why did you ask David to check an old homework that had already been checked in class?" Linda asks. "Why didn't you ask him to check the assignment that was given to you for today?"

"Why can't you understand," the daughter says to her, "it would be silly to show him unchecked work. David shouts and scolds me awfully for every mistake! So I give him yesterday's assignment that we have already checked at school.

Portuguese-English dictionary

a beber - drinking
a brilhar - shining
a brincar - playing
a caminhar - walking
a cantar - singing
a carregar - loading
a chorar - crying
a colar - gluing
a comer - eating
a conduzir - driving
a convencer - convincing
a copiar - copying
a correr - running
a cortar a linha - cutting the line
a cozer - baking
a cozinhar - cooking
a direito - straight
a dizer - telling
a dormir - sleeping
a empurrar - pushing
a espera - holding, waiting
a falar - talking
a fazer - doing
a ficar - getting
a gritar - shouting
a ir - going on
a ladrar - barking
a ler - reading
a levar - taking
a limpar - cleaning
a nevar - snowing
a olhar - looking
a ouvir - listening
a passar - spending
a pescar - fishing
a pintar - painting
a preparar - preparing
a rir - laughing
a segur - following
a sentar - sitting
a sonhar - dreaming
a supervisionar - supervising

a tentar - trying
a trabalhar - working
a usar - using
a viajar - traveling
a visitar - visiting
abanar - shakes
aborda - approach, approaches
aborrecido - upset
abraços - hugs
abriu - open
absolutamente - absolutely
acariciando - petting
acasalar - mating
acenos - nods
acidentalmente - accidentally
acompanha - accompanies
aconselha - advise
aconteceu - happened
acorda - wakes up
acredita - believes
adequado - suitable
aderir - joining
adeus - bye
admira - admires
admite - admit
adora - loves
adormecido - asleep
advinhar - guess
agarra - grabs
agarrado - attached
agora - now
agradece - thank
água - water
ainda - still
ajuda - helps
ajudar - help
alcança - reach
aleatório - random
alegremente - cheerful, cheerfully, gladly,
    merrily
alguém - somebody, someone
algum - some

algures - somewhere
alimenta - feed
alma - soul
almoço - lunch
alternativa - alternative
alto - tall
alto nível - top-notch
ama - nanny
amanhã - tomorrow
amanhecer - daybreak
amarelo - yellow
amarra - tie
ambiente - environment
amigo - friend
amigos - friends
amor - love
amostras - samples
amplamente - widely
animais de estimação - pets
animal - animal
animal de estimação - pet
aniversário - birthday
Ann - ann's
ano - grade, year
anos - years
antes - before,earlier
antiga - ancient
antigo - former
ao vivo - alive
apaixona-se - fell in love
apanha - catches
apanhado - caught
apanhar - pick
aparece - appear, appears
aparência - appearance
apartamento - apartment
apelido - nickname
apenas - just, only
apertado - tight
apetitoso - appetizing
aplicar - apply
apoia - supports
aprecia - praise
aprendeu - learned

apressou-se - rushed
aquário - aquarium
aqui - here, there
aqui mesmo - right here
arcos - bows
armários - cabinets
arquiteto - architect
arte - art
artigos - articles
artista - artist
árvore - tree
asiática - Asian
assenta - settles down
assunto - subject
assustada - frightened
assusta-se - gets scared
ata - ties
ataca - attacks
até - even, till
atentamente - attentively
ativo - active
atrações - sights
atrás - behind
atrasado - late
através - through
atravessa - crosses
aula - class, lesson
aulas - classes
autocarro - bus
autor - author
aventuras - adventures
avião - plane
avisar - warn
bagagem - baggage, luggage
baixo - down, low
banco - bench
banhos de sol - sunbathing
bárbaros - barbarian
barulhento - loudest, loudly
barulho - noise
bate - hits
beber - drink
bebidas - drinks
bege - beige

beija - kisses
bela - beauty
bem - fine, well
bem alimentado - well-fed
Bíblia - Bible
biblioteca - library
bilhete - ticket
boca - mouth
bola - ball
bolo - cake
bom - good
boneco - doll, doll's
bonito - beautiful
bónus - bonuses
borracha - rubber
braços - arms
branco - white
breve - soon
brilha - grow
brilhante - bright
brinca - plays
brinquedos - toys
cabeça - head
cabelo - hair
cada - each
cadeia - chain
cadeira - chair
cadeira com braços - armchair
cadernos de notas - notebooks
cães - dog's
café - café, coffee
cai - fall
caiu - crashed
caixa registadora - cash register
calma - calm
calmamente - calmly
cama - bed
caminhar - walk
campainha da porta - doorbell
campo - field
cansada - tired
cantar - sing
canteiro de flores - flowerbed
canto - corner

cão - dog
capaz - capable
capital - capital
caprichoso - capricious
careta - frown
caridade - charity
carpete - carpet
carrasco - executioner's
carrega - carries, carry, loads
carregando - carrying
carregar - charge
carrinha - trucks
carro - car, trunk
carta - letter
casa - home, house
casado - married
casar - marry
caso - case
casota do cão - doghouse
catedral - cathedral
cauda - tail
cedo - early
celar - ceiling
celebração - celebration
cena - scene
centenas - hundred
centímetros - centimeters
centro - centre
certamente - certainly
certeza - sure
certo - okay
cesto - baskets, bucket
chá - tea
chama - calls
chamada - connection
chamado - called
chão - floor
chat - chat
chefe - chef, chief
chega - arrive
chegada - arrival
cheio - full
cheiro - smell
chita - cheetah

chora - cries,cry
cidade - city, town
cidade natal - hometown
cigarro - cigarette
cinco - five
cinema - cinema
circustâncias - circumstances
cirurgia - surgery
cirurgia dental - dental surgery
claro - of course
cliente - client
cogumelo - mushroom
coincide - coincides
coisa - thing
cola - glue
colega - schoolmate
colegas - colleagues
coleira - collar
coloca - put
coloridos - colorful
com - with
com orgulho - proudly
com raiva - angrily
com sucesso - successfully
comboio - train
começa - begins, starts
começo - beginning
começou - began
comer - eat
comida - food
como - as, how, likes
compartimento - compartment
competente - competent
completamente - completely
complicado - complicated
compõe - composes
comporta-se - behaves
composição - composition
comprar - buy, buys, shop
compras - purchases
compreende - understand, understands
comprimento - length
comprou - bought
computador - computer, laptop

comum - common
conceito - concept
conclui - concludes
concorda - agrees
condutor - driver
conduz - drives
confirmou - confirmed
confissão - confession
confortavelmente - comfortably
confundiu - mixed up
confusão - confusion
confuso - confused
conhecer pessoas novas - acquaintance
conheceu - met
conhecido - acquaintance
conhecimento - knowledge
conseguir uma boa noite de sono - get a
    good night's sleep
considera - considers
consideravelmente - pretty
constrangimento - embarrassment
construção - building
constutores - builder's
conta - account, bill, tells
contente - glad
continua - continues
continuamente - continued
contra - against
contraste - contrast
contrata - hire
contrutores - builders
convence - convinces
conversação - conversation
convida - invites
convidado - guest
copiou - copied
copo - cup
corajoso - brave
corar - blushing
corda - cord, rope
corre - runs
correio - courier
correr - jogging, run
corretamente - correctly

correto - correct
cortar - cut
cozer - bake
cozinha - cooks, cuisine, kitchen
creme - cream
crescem - grows
criança - child, children
crocodilo - crocodile
cuida - care
cuidado - careful, caution
cuidadosamente - carefully
culinária - culinary
culpa - fault, guilty
culpar-se - scolding
curioso - curious
curto - short
custa - cost
dá - gives
dado - given
dando - giving
dar - give
de - from
de acordo - according
de nada - you're welcome
de novo - again
de qualquer forma - anyway
de repente - suddenly
debaixo - under
decide - decides
decidiu - decided
décimo - tenth
decorações - decorations
dedo - finger
defeito - defect
definitivamente - definitely
deitado - lying
deita-se - lies
deixa - let
deixado por - drop by
deixar - leave
deixou - left
dele - his
deles - their
delicioso - delicious

dente - tooth
dentista - dentist
dentro - inner, inside
departamento - department
depois - after, afterwards, than
derrama - spoil
desagradável - unpleasant
descansa - rest
descontente - discontentedly
desculpa - apologize
Desculpe - Excuse me
desde - since
desespero - despair
desfrutar - enjoy
desliga - hangs up, switch off
desmaios - faints
desmaiou - fainted
desordeiro - scoundrel
despedido - fired
despedimento - dismissal
despedir - dismiss, fire
desperdiçar - waste
detalhe - detail
detém - detain
Deus - god
deve - must, shall, should
dez - ten
dia - day
dias - days
diferente - different
difícil - difficult
dificuldade - difficulty
dinheiro - cash, money
direções - direction
diretamente - directly
diretor - director
disciplinado - disciplined
discutem - discuss
dispendioso - expensive
disputa - dispute
disse - said, told
distintamente - distinctly
diz - says
doce - candy

doces - sweets
documentos - documents
doente - sick
dois - two
dólares - dollars
domingo - Sunday
dona de casa - household
dono - owner, owners
dor de dente - toothache
dorme - sleeps, speed
dorminhoco - sleepy
dormir - sleep
dormitórios - dorms
duramente - harshly
durante - during
dúvida - doubt
e - and
é - is, it's
é uma pena - it's a pity
ecrã - screen
edifícios - buildings
educadamente - politely
ela - her, she
ela mesma - herself
ele - he, him
ele mesmo - himself
eles - them, they
eles próprios - themselves
elétrico - electric, tram
eletrodomésticos - electronics
elevador - elevator
elimina - deletes
eliminar - eliminate
elogio - compliment
em - at, in
em direção - towards
em frente de - in front of
em negócio - on business
em reparação - being repaired
em si - itself
em vez de - instead
em volta - around
e-mail - e-mail
embora - though

embrulhar - wrap
emocional - emotionally
empregado - employee
empregado de mesa - waiter
empresa - firm
empresa de construção - building firm,
    construction company
encaixa - fit
encantado - charmed
encantador - charming
encontra - meet
encontrar - find
encontrou - found
enganar - cheat
engenho - engine
engraçado - funny
enquanto - while
ensaios - essays
ensina - teaches
entendido - understood
entra - enters
entrada do cinema - cinema hall
entreaberto - ajar
entretanto - meanwhile
entrou - stepped
entusiasta - enthusiastically
envelope - envelope
envia - send
enviar - sent
erro - mistake
escadas - stairs, stares
escola - college, school
escolhe - chooses
escreve - writes
escreveu - wrote
escrito - written
escritor - writer
escritório - office
escultura - sculpture
escuro - dark
esfregona - mop
esmpresa - company
espanhol - Spanish
espanto - astonishment

Esparta - Sparta
especialidade - specialty
especialmente - especially
espelho - mirror
espera - expect, hold, holds, wait
esperança - hope
esperto - smart
espeta - stabs
espírito - spirit
esposa - wife
esqeceu-se - forgotten
esquece-se - forgets
esqueceu - forgot
esses - those
está a faltar - missing
estação - station
estar - be
estar contente - be glad
estavam - were
este - this
estes - these
esteve - been
esticado - stretch
estilo - style
estofo - wadding
estrada - road, street
estranhamente - strangely
estranho - strange
estrita - strict
estuda - studies
estudante - student
estudar - study, studying
estúpido - stupid
eternidade - eternity
Eu - I
eu próprio - myself
examina - exam
examinado - examining
exatamente - exactly
excelente - excellent
excitado - excitedly
excrementos - excrements
exercício - exercise
exército - army

exigido - required
exótico - exotic
experiência - experience
explica - explains
explicação - explanation
explosão - explosion
exposição - exhibition
expressão - expression
exterior - outward
fácil - easy
facilmente - easily
facto - fact
fala - speak, speaks, talks
falar - talk
falou - spoke
falta - misses
familia - family
familiarizado - acquainted
famosos - famous
fantástico - wonderful
fãs - fans
fatia - loaf
fato de banho - swimsuit
favorito - favorite
fazer - do, does
fechar - close
feito - done
feliz - happy
felizmente - happily, joyfully
férias - vacation
ferro - iron
festivo - festive
fez - did
fica - stands, stay, stays
ficará feliz - be glad
ficheiro - file
figuras - figures
filha - daughter
filho - son
filme - film, movie
filme de ação - action film
fim - end
fim de semana - weekend
finalmente - finally

fio - chill, thread
firmemente - tightly
flores - flowers
florescem - blossom
floresta - forest
fogo de artifício - fireworks
foi - was, went
folha - foil
folhas - sheet
fora - out, outside, way
formulário - form
forno - oven
forte - strong
fortemente - strongly
fórum - forum
fotos - photos
frágil - frailness
frango - chicken
frase - phrase
frases - sentences
frente - face
frequenta - attend
friamente - coldly
frigorifico - fridge
frio - cold
frito - fry
frutas - fruits
fumo - smoke
furacão - hurricane
furiosamente - furiously
furioso - furious
gaiola - cage
ganhou - earn
garfo - fork
gargalhadas - laughs
gato - cat, cat's
gaveta - drawer
gaze - gaze
Gécia - Greece
gentilmente - gently
gere - manages
gerente - manager
gordo - fat
gosta - like

gosto - taste
grande - big, huge, long
grita - shouts
grupo - bunch
guarda - guard
há um ano - a year ago
hamster - hamster
Hebraico - Hebrew
hesitante - hesitantly
história - history, story
histórias - stories
hoje - today
homem - man
honestamente - honestly
horas - hours
horrível - awful
hospital - hospital
hotel - hotel
humana - human
humor - mood
ido - gone
idoso - elderly
ientresse - interest
iguaria - delicacy
imagem - picture
imediatamente - immediately
impensadamente - thoughtlessly
importante - important
impressão - impress
impressão boa - fine print
impressionado - impressed
impressões - impressions
imprimir - print
impudência - impudence
inacreditável - incredibly
inclina - bends
inclinado - tilted
incompreensível - incomprehensible
incorreto - incorrect
incrível - amazement, amazing
independentemente - nevertheless
indiferente - indifferent
indignado - outraged
inesperadamente - unexpectedly

infelizmente - sadly, unfortunately
influência - influence
Inglês - English
inquieta - uneasy
inquieto - restless
inscrições - inscription
instalar - install
inteiro - entire
intelecto - intellect
inteligência - intelligence
interessa - matter
interessado - interested
interessante - interesting
interesse - meters
interminável - endless
Internet - Internet
interrompe - interrupts
interseção - intersection
introduz - introduces
inundação - flood
investe - invents
invulgar - unusual
invulgarmente - unusually
ir - goes
iria - would
irmã - sister
irmão - brother
isso - that
isto - it
já - already, yet
janela - window
jantar - dinner
jardim - garden
jardim de infância - kindergarten
Jerusalém - Jerusalem
jogar - play
jogar fora - throw out
jogo - game
jogou - threw
jornal - newspaper
jornalismo - journalism
jovem - young
juiz - judge
julho - July

juntos - together
jurisprudência - jurisprudence
justiça - justice
lado - side
ladra - bark, barks
ladrou - barked
lagarta - caterpillar
lanche - snack
larga - drops
lava - washes
lê - reads
leis - laws
lembrar - remember
lentamente - slowly
leva - leads, take, takes
levantar - get up
levou - took
liga - call
ligar - calling, plug
ligeiramente - slightly
limpar - clean, wipe off
limpeza - cleanliness
limpo - clear
língua - language
lisonjear - flatter
literatura - lectures, literature
livro - textbook
lixo - garbage, trash
locais - place
local - local, spot
local de trabalho - workplace
loja - store
loja de conveniência - convenience store
longe - away, far
lugar - seat
luz - light
maçã - apple
madeira - wood
mãe - mom, mother
magnificiente - magnificent
magoar - hurt
maior - biggest, highest
mais - anymore, further, more
mais antiga - oldest

mais baixa - lowermost
mais baixo - lower
mais fácil - easier
mais famoso - most famous
mais gordo - fatter
mais interessante - most interesting
mais jovem - younger
mais perto - nearest
mais restritivo - more strictly
mais sábio - wisest
mais tarde - later
mala - bag, suitcase
malas - suitcases
maliciosamente - slyly
mana - sis
manhã - morning
mantém - keeps, remain
mãos - hands
mar - sea
marca - dials
marcas - marks
marido - husband
Mars - Mars
mas - but
máscaras - masks
matar - kill
mau - bad, badly
maxilar - jaw
médico - doctor, medical
medieval - medieval
medo - fear
meia - socket
meio - half, mean, middle
meio-dia - noon
melhor - best, better
melhorar - improve
membros - members
mensagem - message
mente - mind
menu - menu
mercado - market
merece - deserved
mês - month
mesa - table

mesmo - same
metal - metal
metro - subway
meu - me, my
miados - meows
milhões - millions
minutos - minutes
moderno - modern
modesto - modest
momento - moment
montanha - mountain
monte - pile
morada - address, addresses
morde - bite
morder - bit
mortal - daddy
mostra - shows
mostrado - shown
mover - move
mudar - change
muitas vezes - often
muito - a lot, very, much
mulher - woman
mundo - word
museu - museum
musica - music
nacional - national
nada - nothing
nadar - swimming
não - don't, no, not
não civilizado - uncivilized
não confirmado - unchecked
não consegue - can't
não é - aren't, isn't
não era - wasn't
não fazer - doesn't
não fez - didn't
não pode - cannot
não te preocupes - don't worry
nas proximidades - nearby
Natal - Christmas
nervoso - nervous
ninguém - nobody
nível - level

no entanto - although, however
noite - night
nome - name, named
normalmente - usually
norte - north
nós - us, we
nosso - our
nota - note
notícias - news
novo - new
número - number
nunca - ever, never
o - the
o qual - which
O quê - what
obediente - obedient
objetos - objects
obra de arte - masterpiece
obrigatoriamente - obligatory
observar - watches, watching
obtido - gotten
obviamente - obvious
ocupado - busy
oferece - offer
oh - ooh
oito - eight
oito anos - eight-year-old
OK - OK
olá - hello, hi
olhar - look
olhares - glances
olhos - eyes
olhos arregalados - wide-eyed
omelete - omelette
onde - where
ontem - yesterday
opção - option
Opel - Opel
opinião - opinion
ordena - demands
ordenando - demanding
ordinário - ordinary
organização - organization
orgulho - proud

os seus - its
ótimo - great
ou - or
ousada - daring
outono - autumn
outro - another, other
ouve - hears, listens
ouvir - hear
ouviu - heard
paciente - patiently
pacote - pack, package, packet
paga um elogio - paid a compliment
pai - dad, father
país - country
pais - parents
paisagem - landscape
paixão - passion
palavra-passe - pass
pálido - pale
pão - bread
papéis - papers
para - for, into, to
para além - besides, moreover
parar - stop
parece - looks, seems
parque - park
parte - departs
partem - break
partida - prank
partindo - departing
passa - passes, spend, spends
passado - past
pássaros - birds
passear o cão - walk the dog
pata - paw
paz - peace
pé - foot
peixe - fish
peixe dourado - goldfish
pele - leather
pelo menos - at last
pendurado - hang, hanging
pensa - thinks
pensamentos - thoughts

pensativo - thoughtfully
pensei - thought
pequeno - little, small
percebe - realizes
perda - loss
perdão - forgive
perde - lose, lost
perdoado - forgiven
perfeitamente - perfectly
perfil - profile
perguiçoso - sly
pergunta - ask, inquires
perguntam - wonder
perguntar - asking, asks
perigoso - dangerous
período - period
período de proibição - probation period
pernas - legs
perseguição - chases
personalizados - customs
pertences - belongs
perto - closely, near
pesado - heavy
pessoa - guy, person
pessoas - people
piada - joke
piquenique - picnic
piscina - swimming pool
plástico - plastic
plataforma - platform
pó - dust
pobre - poor
pobremente - poorly
pode - can, may
podia - could
poemas - poems
poesia - poetry
polícia - policeman
ponta dos pés - tiptoe
ponto - point
pontos - points
pontual - accurate
por - by
por favor - please

por isso - so
por vezes - sometimes
porcelana - porcelain
porque - because
porquê - why
porta - door
portão - gate
portas - doors
possível - possible
postais - postcards
poucos - few
prato - dish, plate
prazer - pleasure
precisa - need, needs
preguiçoso - lazy
preocupada - worried
preocupado - hurry
preocupar - worry
preparar - prepare
presente - present
presentes - gifts
pressiona - presses
presta atenção - pay attention
preto - black
primavera - spring
primeiro - first
principal - main
problema - issue, problem
professor - professor, teacher
profissional - professional
profundo - deep
pronto - ready
próprio - own
provar - prove
provavelmente - probably
publicar - post
público - public
puxa - pulls
qualquer - any
qualquer coisa - anything
qualquer coisa - something
qualquer lugar - anywhere
qualquer pessoa - anybody
quando - when

quarenta - forty
quarta-feira - Wednesday
quarto - fourth, room
quase - almost
quatro - four
que - that's
queijo - cheese
queima - burns
quem - who
quer - want, wants
querida - darling
querido - dear
questionário - quiz
questões - questions
quilograma - kilogram
quintal - yard
quinto - fifth
quinze - fifteen
rachar - chap
rádio - radio
raiva - anger
ramo - branch
ramos - branches
rapariga - girl
rapazes - boys
rapidamente - quickly
raramente - rarely, seldom
raro - rare
rasgos - rips
rasgou - tore
rastejando - crawling
rato - mice, mouse
ratos - rats
reagir - react
real - real
realmente - really
receber - receive
recentemente - recently
recipiente - recipe
recolhe - collects
recomenda - recommends
reconhece - recognize
recorda-se - recalls, remind
recusa-se - refuses

refeição - meal
Rei - king
relance - glancing
relativo - relative
relva - grease
repara - notices
reparar - fix
repete - repeats
repreender - scolds
reserva - booking, books
resolver - resolve
respirando - breathing
responde - answer, replies
respostas - answers
ressuscitar - revive
restaurante - restaurant
restritivamente - strictly
reune - gather
reunião - meeting
revistas - magazines
reza - pray
rio - river
rir - laugh
risco - risk
Roberts - robert's
roda - wheel
romântico - romantic
ronronar - purring
rosna - growls
rosnar - growl
roubado - stolen
roupas - clothes
sabe - know
saber - knew, knowing, knows
saboroso - tasty
sai - gets off
saída - exit
saindo - sticking out
sair - log out
sala - living room
sala de aula - classroom
salário - salary
salpicado - splattered
salpicos - splashes

salsicha - sausage
salta - jumps
salvador - rescuer
salvou - saved
Santo - Saint
são - are
sapatos - shoes
satisfeito - contentedly, satisfied
saúda - greets
saudável - healthy
se - if
secretamente - secretly
secretária - desk, secretary
segue - follows
seguinte para - next to
segundo - second
seis - six
sela - seals
sem - without
sem casa - homeless
semana - week
sempre - always
senhor - mister
Senhora - Madam
sensível - sensible
senso - sense
senso comum - common sense
senta - sits
senta-se - sits
sente - feel
sentimentos - feelings
sentir - feels
sentir arrependido - feels sorry
separou - separated
ser - am
seriamente - seriously
sério - serious
serviço de entrega - delivery service
serviços de táxi - taxi service
setenta - seventy
sexta-feira - Friday
significa - means
significado - meaning
silêncio - silent

silenciosamento - quietly
sim - yes
símbolo - symbol
similar - similar
simples - simple
simplesmente - simply
situação - situation
sobe - climbs
sobre - about, over
sofá - couch
sol - sun
solução - solution
soma - sum
sonho - dream
sons - sounds
sopa - soup
sorri - smiles
sorte - luck
sortudo - be lucky
sossegado - quiet
sou - I'm
sozinho - alone
sucesso - succeeds
suficiente - enough
sugestão - hint, suggests
sujo - dirty
sumo - juice
supermercado - supermarket
supiro - sighs
suposto - supposes
surpresa - surprise, surprised
tablet - tablet
tal - such
talento - talent
talvez - maybe, perhaps
tamanho - size
Tamanho médio - medium-sized
também - also, too
tampa - lid
tarde - afternoon, evening
tarefa - assignment, task
tarefas - chores
táxi - taxi
telefone - phone, telephone

telefones - phones
telefonista - dispatchers
tem - has
tem uma visita - pays a visit
tema - theme
temperamento - temper
tempo - time, weather
tempo livre - spare time
temporário - temporary
tensão - strain
tenta - tries, try
tentar arduamente - try hard
ter - have
ter medo - be afraid
terça-feira - Tuesday
terceiro - third
termina - finishes
terminou - ended
termo - term
terrível - terrible
terrivelmente - awfully, terribly
tesoura - scissors
teste - test
teu - you're, your
teve - got, had
texto - text
tia - aunt
timidamente - shyly
tímido - shy
tio - uncle
tipo - kind
toalha - towel
toca - rings
tocar - ringing
todo - whole
todos - every, everybody, everyone
tom - tone
tomate - tomato
tonta - silly
topo - top
torna-se - became
torneira - faucet
torniquete - tourniquet
trabalha - works

trabalho - job, work
trabalho de casa - homework
tradições - traditions
tradução - translation
traduzir - translate
tranca - lock
transporte - transportation
trata - treats
traz - brings
treinou - trained
trela - leash
três - three
três horas - three o'clock
treze - thirteen
tribunal - court
triste - sad
triunfou - triumphs
troca - exchange
trouxe - brought
tu - you
tubo - tube
tudo - all, everything
tulipas - tulips
túnel - tunnel
Twitter - Twitter
ultimamente - lately
ultrapassagens - overtakes
ultrapassar - overcome
um - a, one, an
um...ou - either ... or
uma vez - at once
único - single
uniforme - uniform
universidade - university
urgentemente - urgently
usa - uses
vacinas - vaccinations
vai - go, will
valioso - valuable
várias - several
vários - various
vê - see, sees
vedação - fence
vegetais - vegetables

velha - old
vem - come, comes, coming
vende - sell
vendedor - salesman
vendedora - saleswoman
vender - retells
vendido - sold
ver - saw, watch
verão - summer
verdade - true, truth
verificar - check
vermelho - red
vida - life
vila - village
vingança - revenge
vinte - twenty

virar - flip
vira-se - turns
visita - visit
vive - lives
vizinho - neighbor, neighboring
voa - flies
voar - fly
volta - back, returns
vontade - ill
voo - flight
vou - I'd, I'll
voz - voice
xamã - shaman
zangada - angry
Zeus - Zeus

English-Portuguese dictionary

a lot, very - muito
a year ago - há um ano
a, one - um
about - sobre
absolutely - absolutamente
accidentally - acidentalmente
accompanies - acompanha
according - de acordo
account - conta
accurate - pontual
acquaintance - conhecer pessoas novas, conhecido
acquainted - familiarizado
action film - filme de ação
active - ativo
address - morada
addresses - morada
admires - admira
admit - admite
adventures - aventuras
advise - aconselha
after - depois
afternoon - tarde
afterwards - depois
again - de novo
against - contra
agrees - concorda
ajar - entreaberto
alive - ao vivo
all, everything - tudo
almost - quase
alone - sozinho
already - já
also - também
alternative - alternativa
although - no entanto
always - sempre
am - ser
amazement - incrível
amazing - incrível
an - um
ancient - antiga

and - e
anger - raiva
angrily - com raiva
angry - zangada
animal - animal
ann's - Ann
another - outro
answer - responde
answers - respostas
any - qualquer
anybody - qualquer pessoa
anymore - mais
anything - qualquer coisa
anyway - de qualquer forma
anywhere - qualquer lugar
apartment - apartamento
apologize - desculpa
appear - aparece
appearance - aparência
appears - aparece
appetizing - apetitoso
apple - maçã
apply - aplicar
approach - aborda
approaches - aborda
aquarium - aquário
architect - arquiteto
are - são
aren't - não é
armchair - cadeira com braços
arms - braços
army - exército
around - em volta
arrival - chegada
arrive - chega
art - arte
articles - artigos
artist - artista
as - como
Asian - asiática
ask - pergunta
asking - perguntar

asks - perguntar
asleep - adormecido
assignment - tarefa
astonishment - espanto
at last - pelo menos
at once - uma vez
at, in - em
attached - agarrado
attacks - ataca
attend - frequenta
attentively - atentamente
aunt - tia
author - autor
autumn - outono
away - longe
awful - horrível
awfully - terrivelmente
back - volta
bad - mau
badly - mau
bag - mala
baggage - bagagem
bake - cozer
baking - a cozer
ball - bola
barbarian - bárbaros
bark - ladra
barked - ladrou
barking - a ladrar
barks - ladra
baskets - cesto
be - estar
be afraid - ter medo
be glad - estar contente, ficará feliz
be lucky - sortudo
beautiful - bonito
beauty - bela
became - torna-se
because - porque
bed - cama
been - esteve
before,earlier - antes
began - começou
beginning - começo

begins - começa
behaves - comporta-se
behind - atrás
beige - bege
being repaired - em reparação
believes - acredita
belongs - pertences
bench - banco
bends - inclina
besides - para além
best - melhor
better - melhor
Bible - Bíblia
big - grande
biggest - maior
bill - conta
birds - pássaros
birthday - aniversário
bit - morder
bite - morde
black - preto
blossom - florescem
blushing - corar
bonuses - bónus
booking - reserva
books - reserva
bought - comprou
bows - arcos
boys - rapazes
branch - ramo
branches - ramos
brave - corajoso
bread - pão
break - partem
breathing - respirando
bright - brilhante
brings - traz
brother - irmão
brought - trouxe
bucket - cesto
builder's - constutores
builders - contrutores
building - construção
building firm - empresa de construção

buildings - edifícios
bunch - grupo
burns - queima
bus - autocarro
busy - ocupado
but - mas
buy - comprar
buys, shop - comprar
by - por
bye - adeus
cabinets - armários
café - café
cage - gaiola
cake - bolo
call - liga
called - chamado
calling - ligar
calls - chama
calm - calma
calmly - calmamente
can - pode
can't - não consegue
candy - doce
cannot - não pode
capable - capaz
capital - capital
capricious - caprichoso
car - carro
care - cuida
careful - cuidado
carefully - cuidadosamente
carpet - carpete
carries, carry - carrega
carrying - carregando
case - caso
cash - dinheiro
cash register - caixa registadora
cat - gato
cat's - gato
catches - apanha
caterpillar - lagarta
cathedral - catedral
caught - apanhado
caution - cuidado

ceiling - celar
celebration - celebração
centimeters - centímetros
centre - centro
certainly - certamente
chain - cadeia
chair - cadeira
change - mudar
chap - rachar
charge - carregar
charity - caridade
charmed - encantado
charming - encantador
chases - perseguição
chat - chat
cheat - enganar
check - verificar
cheerful - alegremente
cheerfully - alegremente
cheese - queijo
cheetah - chita
chef - chefe
chicken - frango
chief - chefe
child - criança
children - criança
chill, thread - fio
chooses - escolhe
chores - tarefas
Christmas - Natal
cigarette - cigarro
cinema - cinema
cinema hall - entrada do cinema
circumstances - circustâncias
city - cidade
class - aula
classes - aulas
classroom - sala de aula
clean, wipe off - limpar
cleaning - a limpar
cleanliness - limpeza
clear - limpo
client - cliente
climbs - sobe

close - fechar
closely - perto
clothes - roupas
coffee - café
coincides - coincide
cold - frio
coldly - friamente
collar - coleira
colleagues - colegas
collects - recolhe
college - escola
colorful - coloridos
come - vem
comes - vem
comfortably - confortavelmente
coming - vem
common - comum
common sense - senso comum
company - esmpresa
compartment - compartimento
competent - competente
completely - completamente
complicated - complicado
compliment - elogio
composes - compõe
composition - composição
computer - computador
concept - conceito
concludes - conclui
confession - confissão
confirmed - confirmou
confused - confuso
confusion - confusão
connection - chamada
considers - considera
construction company - empresa de
    construção
contentedly - satisfeito
continued - continuamente
continues - continua
contrast - contraste
convenience store - loja de conveniência
conversation - conversação
convinces - convence

convincing - a convencer
cooking - a cozinhar
cooks - cozinha
copied - copiou
copying - a copiar
cord - corda
corner - canto
correct - correto
correctly - corretamente
cost - custa
couch - sofá
could - podia
country - país
courier - correio
court - tribunal
crashed - caiu
crawling - rastejando
cream - creme
cries - chora
crocodile - crocodilo
crosses - atravessa
cry - chora
crying - a chorar
cuisine - cozinha
culinary - culinária
cup - copo
curious - curioso
customs - personalizados
cut - cortar
cutting the line - a cortar a linha
dad - pai
daddy - mortal
dangerous - perigoso
daring - ousada
dark - escuro
darling - querida
daughter - filha
day - dia
daybreak - amanhecer
days - dias
dear - querido
decided - decidiu
decides - decide
decorations - decorações

deep - profundo
defect - defeito
definitely - definitivamente
deletes - elimina
delicacy - iguaria
delicious - delicioso
delivery service - serviço de entrega
demanding - ordenando
demands - ordena
dental surgery - cirurgia dental
dentist - dentista
departing - partindo
department - departamento
departs - parte
deserved - merece
desk - secretária
despair - desespero
detail - detalhe
detain - detém
dials - marca
did - fez
didn't - não fez
different - diferente
difficult - difícil
difficulty - dificuldade
dinner - jantar
direction - direções
directly - diretamente
director - diretor
dirty - sujo
disciplined - disciplinado
discontentedly - descontente
discuss - discutem
dish - prato
dismiss, fire - despedir
dismissal - despedimento
dispatchers - telefonista
dispute - disputa
distinctly - distintamente
do - fazer
doctor - médico
documents - documentos
does - fazer
doesn't - não fazer

dog - cão
dog's - cães
doghouse - casota do cão
doing - a fazer
doll, doll's - boneco
dollars - dólares
don't worry - não te preocupes
don't, no, not - não
done - feito
door - porta
doorbell - campainha da porta
doors - portas
dorms - dormitórios
doubt - dúvida
down - baixo
drawer - gaveta
dream - sonho
dreaming - a sonhar
drink - beber
drinking - a beber
drinks - bebidas
driver - condutor
drives - conduz
driving - a conduzir
drop by - deixado por
drops - larga
during - durante
dust - pó
each - cada
early - cedo
earn - ganhou
easier - mais fácil
easily - facilmente
easy - fácil
eat - comer
eating - a comer
eight - oito
eight-year-old - oito anos
either ... or - um...ou
elderly - idoso
electric - elétrico
electronics - eletrodomésticos
elevator - elevador
eliminate - eliminar

e-mail - e-mail
embarrassment - constrangimento
emotionally - emocional
employee - empregado
end - fim
ended - terminou
endless - interminável
engine - engenho
English - Inglês
enjoy - desfrutar
enough - suficiente
enters - entra
enthusiastically - entusiasta
entire - inteiro
envelope - envelope
environment - ambiente
especially - especialmente
essays - ensaios
eternity - eternidade
even - até
evening - tarde
ever - nunca
every - todos
everybody - todos
everyone - todos
exactly - exatamente
exam - examina
examining - examinado
excellent - excelente
exchange - troca
excitedly - excitado
excrements - excrementos
Excuse me - Desculpe
executioner's - carrasco
exercise - exercício
exhibition - exposição
exit - saída
exotic - exótico
expect - espera
expensive - dispendioso
experience - experiência
explains - explica
explanation - explicação
explosion - explosão

expression - expressão
eyes - olhos
face - frente
fact - facto
fainted - desmaiou
faints - desmaios
fall - cai
family - familia
famous - famosos
fans - fãs
far - longe
fat - gordo
father - pai
fatter - mais gordo
faucet - torneira
fault - culpa
favorite - favorito
fear - medo
feed - alimenta
feel - sente
feelings - sentimentos
feels - sentir
feels sorry - sentir arrependido
fell in love - apaixona-se
fence - vedação
festive - festivo
few - poucos
field - campo
fifteen - quinze
fifth - quinto
figures - figuras
file - ficheiro
film, movie - filme
finally - finalmente
find - encontrar
fine - bem
fine print - impressão boa
finger - dedo
finishes - termina
fired - despedido
fireworks - fogo de artifício
firm - empresa
first - primeiro
fish - peixe

fishing - a pescar
fit - encaixa
five - cinco
fix - reparar
flatter - lisonjear
flies - voa
flight - voo
flip - virar
flood - inundação
floor - chão
flowerbed - canteiro de flores
flowers - flores
fly - voar
foil - folha
following - a segur
follows - segue
food - comida
foot - pé
for, into - para
forest - floresta
forgets - esquece-se
forgive - perdão
forgiven - perdoado
forgot - esqueceu
forgotten - esqeceu-se
fork - garfo
form - formulário
former - antigo
forty - quarenta
forum - fórum
found - encontrou
four - quatro
fourth - quarto
frailness - frágil
Friday - sexta-feira
fridge - frigorifico
friend - amigo
friends - amigos
frightened - assustada
from - de
frown - careta
fruits - frutas
fry - frito
full - cheio

funny - engraçado
furious - furioso
furiously - furiosamente
further - mais
game - jogo
garbage - lixo
garden - jardim
gate - portão
gather - reune
gaze - gaze
gently - gentilmente
get a good night's sleep - conseguir uma
    boa noite de sono
get up - levantar
gets off - sai
gets scared - assusta-se
getting - a ficar
gifts - presentes
girl - rapariga
give - dar
given - dado
gives - dá
giving - dando
glad - contente
gladly - alegremente
glances - olhares
glancing - relance
glue - cola
gluing - a colar
go - vai
god - Deus
goes - ir
going on - a ir
goldfish - peixe dourado
gone - ido
good - bom
got - teve
gotten - obtido
grabs - agarra
grade - ano
grease - relva
great - ótimo
Greece - Gécia
greets - saúda

grow - brilha
growl - rosnar
growls - rosna
grows - crescem
guard - guarda
guess - advinhar
guest - convidado
guilty - culpa
guy - pessoa
had - teve
hair - cabelo
half - meio
hamster - hamster
hands - mãos
hang - pendurado
hanging - pendurado
hangs up - desliga
happened - aconteceu
happily - felizmente
happy - feliz
harshly - duramente
has - tem
have - ter
he - ele
head - cabeça
healthy - saudável
hear - ouvir
heard - ouviu
hears - ouve
heavy - pesado
Hebrew - Hebraico
hello, hi - olá
help - ajudar
helps - ajuda
her, she - ela
here, there - aqui
herself - ela mesma
hesitantly - hesitante
highest - maior
him - ele
himself - ele mesmo
hint - sugestão
hire - contrata
his - dele

history - história
hits - bate
hold - espera
holding - a espera
holds - espera
home - casa
homeless - sem casa
hometown - cidade natal
homework - trabalho de casa
honestly - honestamente
hope - esperança
hospital - hospital
hotel - hotel
hours - horas
house - casa
household - dona de casa
how - como
how, likes - como
however - no entanto
huge - grande
hugs - abraços
human - humana
hundred - centenas
hurricane - furacão
hurry - preocupado
hurt - magoar
husband - marido
I - Eu
I'd - vou
I'll - vou
I'm - sou
if - se
ill - vontade
immediately - imediatamente
important - importante
impress - impressão
impressed - impressionado
impressions - impressões
improve - melhorar
impudence - impudência
in front of - em frente de
incomprehensible - incompreensível
incorrect - incorreto
incredibly - inacreditável

indifferent - indiferente
influence - influência
inner, inside - dentro
inquires - pergunta
inscription - inscrições
install - instalar
instead - em vez de
intellect - intelecto
intelligence - inteligência
interest - ientresse
interested - interessado
interesting - interessante
Internet - Internet
interrupts - interrompe
intersection - interseção
introduces - introduz
invents - investe
invites - convida
iron - ferro
is - é
isn't - não é
issue - problema
it - isto
it's - é
it's a pity - é uma pena
its - os seus
itself - em si
jaw - maxilar
Jerusalem - Jerusalém
job - trabalho
jogging - correr
joining - aderir
joke - piada
journalism - jornalismo
joyfully - felizmente
judge - juiz
juice - sumo
July - julho
jumps - salta
jurisprudence - jurisprudência
just, only - apenas
justice - justiça
keeps - mantém
kill - matar

kilogram - quilograma
kind - tipo
kindergarten - jardim de infância
king - Rei
kisses - beija
kitchen - cozinha
knew - saber
know - sabe
knowing - saber
knowledge - conhecimento
knows - saber
landscape - paisagem
language - língua
laptop - computador
late - atrasado
lately - ultimamente
later - mais tarde
laugh - rir
laughing - a rir
laughs - gargalhadas
laws - leis
lazy - preguiçoso
leads - leva
learned - aprendeu
leash - trela
leather - pele
leave - deixar
lectures - literatura
left - deixou
legs - pernas
length - comprimento
lesson - aula
let - deixa
letter - carta
level - nível
library - biblioteca
lid - tampa
lies - deita-se
life - vida
light - luz
like - gosta
listening - a ouvir
listens - ouve
literature - literatura

little - pequeno
lives - vive
living room - sala
loading - a carregar
loads - carrega
loaf - fatia
local - local
lock - tranca
log out - sair
long - grande
look - olhar
looking - a olhar
looks, seems - parece
lose - perde
loss - perda
lost - perde
loudest - barulhento
loudly - barulhento
love - amor
loves - adora
low - baixo
lower - mais baixo
lowermost - mais baixa
luck - sorte
luggage - bagagem
lunch - almoço
lying - deitado
Madam - Senhora
magazines - revistas
magnificent - magnificiente
main - principal
man - homem
manager - gerente
manages - gere
market - mercado
marks - marcas
married - casado
marry - casar
Mars - Mars
masks - máscaras
masterpiece - obra de arte
mating - acasalar
matter - interessa
may - pode

maybe - talvez
me, my - meu
meal - refeição
mean - meio
meaning - significado
means - significa
meanwhile - entretanto
medical - médico
medieval - medieval
medium-sized - Tamanho médio
meet - encontra
meeting - reunião
members - membros
menu - menu
meows - miados
merrily - alegremente
message - mensagem
met - conheceu
metal - metal
meters - interesse
mice - rato
middle - meio
millions - milhões
mind - mente
minutes - minutos
mirror - espelho
misses - falta
missing - está a faltar
mistake - erro
mister - senhor
mixed up - confundiu
modern - moderno
modest - modesto
mom, mother - mãe
moment - momento
money - dinheiro
month - mês
mood - humor
mop - esfregona
more - mais
more strictly - mais restritivo
moreover - para além
morning - manhã
most famous - mais famoso

most interesting - mais interessante
mountain - montanha
mouse - rato
mouth - boca
move - mover
much - muito
museum - museu
mushroom - cogumelo
music - musica
must - deve
myself - eu próprio
name - nome
named - nome
nanny - ama
national - nacional
near - perto
nearby - nas proximidades
nearest - mais perto
need - precisa
needs - precisa
neighbor - vizinho
neighboring - vizinho
nervous - nervoso
never - nunca
nevertheless - independentemente
new - novo
news - notícias
newspaper - jornal
next to - seguinte para
nickname - apelido
night - noite
nobody - ninguém
nods - acenos
noise - barulho
noon - meio-dia
north - norte
note - nota
notebooks - cadernos de notas
nothing - nada
notices - repara
now - agora
number - número
obedient - obediente
objects - objetos

obligatory - obrigatoriamente
obvious - obviamente
of course - claro
offer - oferece
office - escritório
often - muitas vezes
OK - OK
okay - certo
old - velha
oldest - mais antiga
omelette - omelete
on business - em negócio
ooh - oh
Opel - Opel
open - abriu
opinion - opinião
option - opção
or - ou
ordinary - ordinário
organization - organização
other - outro
our - nosso
out - fora
outraged - indignado
outside - fora
outward - exterior
oven - forno
over - sobre
overcome - ultrapassar
overtakes - ultrapassagens
own - próprio
owner - dono
owners - dono
pack - pacote
package - pacote
packet - pacote
paid a compliment - paga um elogio
painting - a pintar
pale - pálido
papers - papéis
parents - pais
park - parque
pass - palavra-passe
passes - passa

passion - paixão
past - passado
patiently - paciente
paw - pata
pay attention - presta atenção
pays a visit - tem uma visita
peace - paz
people - pessoas
perfectly - perfeitamente
perhaps - talvez
period - período
person - pessoa
pet - animal de estimação
pets - animais de estimação
petting - acariciando
phone - telefone
phones - telefones
photos - fotos
phrase - frase
pick - apanhar
picnic - piquenique
picture - imagem
pile - monte
place - locais
plane - avião
plastic - plástico
plate - prato
platform - plataforma
play - jogar
playing - a brincar
plays - brinca
please - por favor
pleasure - prazer
plug - ligar
poems - poemas
poetry - poesia
point - ponto
points - pontos
policeman - polícia
politely - educadamente
poor - pobre
poorly - pobremente
porcelain - porcelana
possible - possível

post - publicar
postcards - postais
praise - aprecia
prank - partida
pray - reza
prepare - preparar
preparing - a preparar
present - presente
presses - pressiona
pretty - consideravelmente
print - imprimir
probably - provavelmente
probation period - período de proibição
problem - problema
professional - profissional
professor - professor
profile - perfil
proud - orgulho
proudly - com orgulho
prove - provar
public - público
pulls - puxa
purchases - compras
purring - ronronar
pushing - a empurrar
put - coloca
questions - questões
quickly - rapidamente
quiet - sossegado
quietly - silenciosamento
quite - sossegado
quiz - questionário
radio - rádio
random - aleatório
rare - raro
rarely - raramente
rats - ratos
reach - alcança
react - reagir
reading - a ler
reads - lê
ready - pronto
real - real
realizes - percebe

really - realmente
recalls - recorda-se
receive - receber
recently - recentemente
recipe - recipiente
recognize - reconhece
recommends - recomenda
red - vermelho
refuses - recusa-se
relative - relativo
remain - mantém
remember - lembrar
remind - recorda-se
repeats - repete
replies - responde
required - exigido
rescuer - salvador
resolve - resolver
rest - descansa
restaurant - restaurante
restless - inquieto
retells - vender
returns - volta
revenge - vingança
revive - ressuscitar
right here - aqui mesmo
ringing - tocar
rings - toca
rips - rasgos
risk - risco
river - rio
road, street - estrada
robert's - Roberts
romantic - romântico
room - quarto
rope - corda
rubber - borracha
run - correr
running - a correr
runs - corre
rushed - apressou-se
sad - triste
sadly - infelizmente
said - disse

Saint - Santo
salary - salário
salesman - vendedor
saleswoman - vendedora
same - mesmo
samples - amostras
satisfied - satisfeito
sausage - salsicha
saved - salvou
saw - ver
says - diz
scene - cena
school - escola
schoolmate - colega
scissors - tesoura
scolding - culpar-se
scolds - repreender
scoundrel - desordeiro
screen - ecrã
sculpture - escultura
sea - mar
seals - sela
seat - lugar
second - segundo
secretary - secretária
secretly - secretamente
see - vê
sees - vê
seldom - raramente
sell - vende
send - envia
sense - senso
sensible - sensível
sent - enviar
sentences - frases
separated - separou
serious - sério
seriously - seriamente
settles down - assenta
seventy - setenta
several - várias
shakes - abanar
shall - deve
shaman - xamã

sheet - folhas
shining - a brilhar
shoes - sapatos
short - curto
should - deve
shouting - a gritar
shouts - grita
shown - mostrado
shows - mostra
shy - tímido
shyly - timidamente
sick - doente
side - lado
sighs - supiro
sights - atrações
silent - silêncio
silly - tonta
similar - similar
simple - simples
simply - simplesmente
since - desde
sing - cantar
singing - a cantar
single - único
sis - mana
sister - irmã
sits - senta, senta-se
sitting - a sentar
situation - situação
six - seis
size - tamanho
sleep - dormir
sleeping - a dormir
sleeps - dorme
sleepy - dorminhoco
slightly - ligeiramente
slowly - lentamente
sly - perguiçoso
slyly - maliciosamente
small - pequeno
smart - esperto
smell - cheiro
smiles - sorri
smoke - fumo

snack - lanche
snowing - a nevar
so - por isso
socket - meia
sold - vendido
solution - solução
some - algum
somebody - alguém
someone - alguém
something - qualquer coisa
sometimes - por vezes
somewhere - algures
son - filho
soon - breve
soul - alma
sounds - sons
soup - sopa
Spanish - espanhol
spare time - tempo livre
Sparta - Esparta
speak, speaks - fala
specialty - especialidade
speed - dorme
spend - passa
spending - a passar
spends - passa
spirit - espírito
splashes - salpicos
splattered - salpicado
spoil - derrama
spoke - falou
spot - local
spring - primavera
stabs - espeta
stairs - escadas
stands - fica
stares - escadas
starts - começa
station - estação
stay - fica
stays - fica
stepped - entrou
sticking out - saindo
still - ainda

stolen - roubado
stop - parar
store - loja
stories - histórias
story - história
straight - a direito
strain - tensão
strange - estranho
strangely - estranhamente
stretch - esticado
strict - estrita
strictly - restritivamente
strong - forte
strongly - fortemente
student - estudante
studies - estuda
study - estudar
studying - estudar
stupid - estúpido
style - estilo
subject - assunto
subway - metro
succeeds - sucesso
successfully - com sucesso
such - tal
suddenly - de repente
suggests - sugestão
suitable - adequado
suitcase - mala
suitcases - malas
sum - soma
summer - verão
sun - sol
sunbathing - banhos de sol
Sunday - domingo
supermarket - supermercado
supervising - a supervisionar
supports - apoia
supposes - suposto
sure - certeza
surgery - cirurgia
surprise - surpresa
surprised - surpresa
sweets - doces

swimming - nadar
swimming pool - piscina
swimsuit - fato de banho
switch off - desliga
symbol - símbolo
table - mesa
tablet - tablet
tail - cauda
take - leva
takes - leva
taking - a levar
talent - talento
talk - falar
talking - a falar
talks - fala
tall - alto
task - tarefa
taste - gosto
tasty - saboroso
taxi - táxi
taxi service - serviços de táxi
tea - chá
teacher - professor
teaches - ensina
telephone - telefone
telling - a dizer
tells - conta
temper - temperamento
temporary - temporário
ten - dez
tenth - décimo
term - termo
terrible - terrível
terribly - terrivelmente
test - teste
text - texto
textbook - livro
than - depois
thank - agradece
that - isso
that's - que
the - o
their - deles
them - eles

theme - tema
themselves - eles próprios
then - depois
these - estes
they - eles
thing - coisa
thinks - pensa
third - terceiro
thirteen - treze
this - este
those - esses
though - embora
thought - pensei
thoughtfully - pensativo
thoughtlessly - impensadamente
thoughts - pensamentos
three - três
three o'clock - três horas
threw - jogou
through - através
throw out - jogar fora
ticket - bilhete
tie - amarra
ties - ata
tight - apertado
tightly - firmemente
till - até
tilted - inclinado
time - tempo
tiptoe - ponta dos pés
tired - cansada
to - para
today - hoje
together - juntos
told - disse
tomato - tomate
tomorrow - amanhã
tone - tom
too - também
took - levou
tooth - dente
toothache - dor de dente
top - topo
top-notch - alto nível

tore - rasgou
tourniquet - torniquete
towards - em direção
towel - toalha
town - cidade
toys - brinquedos
traditions - tradições
train - comboio
trained - treinou
tram - elétrico
translate - traduzir
translation - tradução
transportation - transporte
trash - lixo
traveling - a viajar
treats - trata
tree - árvore
tries - tenta
triumphs - triunfou
trucks - carrinha
true - verdade
trunk - carro
truth - verdade
try - tenta
try hard - tentar arduamente
trying - a tentar
tube - tubo
Tuesday - terça-feira
tulips - tulipas
tunnel - túnel
turns - vira-se
twenty - vinte
Twitter - Twitter
two - dois
unchecked - não confirmado
uncivilized - não civilizado
uncle - tio
under - debaixo
understand - compreende
understands - compreende
understood - entendido
uneasy - inquieta
unexpectedly - inesperadamente
unfortunately - infelizmente

uniform - uniforme
university - universidade
unpleasant - desagradável
unusual - invulgar
unusually - invulgarmente
upset - aborrecido
urgently - urgentemente
us - nós
uses - usa
using - a usar
usually - normalmente
vacation - férias
vaccinations - vacinas
valuable - valioso
various - vários
vegetables - vegetais
village - vila
visit - visita
visiting - a visitar
voice - voz
wadding - estofo
wait - espera
waiter - empregado de mesa
waiting - a espera
wakes up - acorda
walk - caminhar
walk the dog - passear o cão
walking - a caminhar
want, wants - quer
warn - avisar
was - foi
washes - lava
wasn't - não era
waste - desperdiçar
watch - ver
watches - observar
watching - observar
water - água
way - fora
we - nós
weather - tempo
Wednesday - quarta-feira
week - semana
weekend - fim de semana

well - bem
well-fed - bem alimentado
went - foi
were - estavam
what - O quê
wheel - roda
when - quando
where - onde
which - o qual
while - enquanto
white - branco
who - quem
whole - todo
why - porquê
wide-eyed - olhos arregalados
widely - amplamente
wife - esposa
will - vai
window - janela
wisest - mais sábio
with - com
without - sem
woman - mulher
wonder - perguntam
wonderful - fantástico
wood - madeira
word - mundo
work - trabalho
working - a trabalhar
workplace - local de trabalho
works - trabalha
worried - preocupada
worry - preocupar
would - iria
wrap - embrulhar
writer - escritor
writes - escreve
written - escrito
wrote - escreveu
yard - quintal
year - ano
years - anos
yellow - amarelo
yes - sim

yesterday - ontem
yet - já
you - tu
you're welcome - de nada

you're, your - teu
young - jovem
younger - mais jovem
Zeus - Zeus

Made in the USA
Middletown, DE
22 December 2020